법률 상식
완벽 활용법

법률 상식 완벽 활용법

초판 1쇄 2020년 12월 21일
지은이 김정탁 | **펴낸이** 송영화 | **펴낸곳** 굿웰스북스 | **총괄** 임종익
등록 제 2020-000123호 | **주소** 서울시 마포구 양화로 133 서교타워 711호
전화 02) 322-7803 | **팩스** 02) 6007-1845 | **이메일** gwbooks@hanmail.net
© 김정탁, 굿웰스북스 2020, *Printed in Korea*.
ISBN 979-11-972282-8-5 03360 | **값 15,000원**

법에 당하지 않고 120퍼센트 이용하는

법률 상식
완벽 활용법

—

김정탁 지음

굿웰스북스

법은 우리 가까이에 있다

사람들이 '법' 하면 딱딱하고 어렵고 일반인이 접근하기 어려운 것이라고 생각한다. 사실 법에 대한 용어들이 딱딱하고 어려운 것도 있다. 하지만 지금은 인터넷의 발달로 누구나 검색하고 천천히 읽어보면 이해가 되는 부분이 많다. 현실에 부딪혀 경찰이나 검사에게 전화를 받았다면 누구나 당황할 것이다. 법 없이 살 수 있는 사람이 있을까? 여러분은 어떻게 생각하는가? 또 사고가 날 것이라고 미리 알려주면 다 준비하고 방지할 것이지만 사고는 갑자기 찾아온다. 우리 일상을 보면 알 수 있다. 우리가 마시는 공기는 눈에 보이지 않지만 우리는 그 공기를 매일 숨을 쉴 때 마시면서 살아간다. 혹시 공기의 고마움을 느낀 적이 있는가? 공기가 없다면 어떻게 될까? 한번 상상을 해보시라.

법 또한 우리 생활과 항상 가까이에 있는 것이다. 공기와 마찬가지로 법이 없다면 우리 사회는 어떻게 될까? 아무 곳에나 침을 뱉고, 대소변도 자기 마음대로 본다면 어떻게 될까? 힘없는 사람이 살 수 있을까? 그동안 사회는 우리가 살아가는 동안 법과 함께 살도록 구조를 잘 만들어놓았다. 법 또한 우리에게 보이지 않게 도움을 주고 있다. 그러나 하지 말아야 할 것을 했을 때는 마땅한 책임이 따르게 된다. 그러한 법을 잘 알아야 되고 알지 못하여 불이익을 당하는 일이 없어야 한다고 생각한다.

모든 일이 일어나는 것은 순간이다. 화가 나서 순간적으로 참지 못하여 돌이킬 수 없는 큰 사고를 낼 수도 있다. 술을 먹어서 상대방이 쳐다봤다고 괜히 시비를 걸어 싸움이 나는 수도 있다. 나는 내 차로 잘 가고 있는데 상대방 차가 와서 나와 부딪히는 수도 있다. 또 보험에 가입해야 될까 아니면 그냥 가입하지 않는 편이 좋을까? 또 아는 사람들 간에 일어나는 일은 어떨까? 돈을 빌려주고 못 받아 괴로운 일들, 홧김에 형제든 친구든 누구를 막론하고 고소하거나 처벌하는 경우도 있을 수 있다. 전철이나 버스에서 누군가가 나를 핸드폰으로 찍었다면 어떻게 해야 할까? 사건 사고를 당해 '왜 나한테만 이런 일들이 일어날까?' 고민도 해보았을 것이다. 인터넷에 남을 비방하거나 욕설을 하여 지인들이 경찰서나 수사 기관에 조사를 받으러 간 적은 없는가? 댓글 달기도 범죄가 될 수 있다. 한 번쯤 생각을 해봐야 한다.

내가 불가피한 경우에 어떻게 해야 형사소송에서 유리한가? 내가 남에게 돈을 빌려줄 때 어떻게 했었지? 만약 나에게 교통사고가 났다면 어떻게 해야 하지? 내가 문서나 다른 것을 꼼꼼히 읽어보고 챙겼는지, 나에게 유리한 목격자나 증인이 있었는지, 혹시 변호인 등 전문가를 찾아가서 상담을 해야 되는지, 나한테 유리한 증거가 있는지, 내가 말주변이 없어 정확히 전달하지 못한 것은 아닌지 꼼꼼히 잘 알아두어야 한다.

우리가 일상생활에서 알아야 할 상식이 얼마나 많은지 아는가? 수험생이 수험 시간 내에 도착해야만 시험을 볼 수 있다. 각종 고지서를 기간 내에 내지 않으면 가산금이 붙는다. 어떤 것이든 기간이 있다. 또한 설마 해서 '이것은 괜찮겠지.' 하고 지나치다가 큰일이 될 수 있다. 무심코 흔히 하는 인터넷상 클릭도 한 번 더 생각해보아야 한다. 호기심 때문에 일어나는 일들이 얼마나 많은가? 미미한 교통사고라도 더 알아봐야 한다. 입장이 바뀌면 생각이 달라지는 것이다. 또한 꼭 사람을 때려야 폭행이 되는지 아닌지 알아봐야 한다. 청소년들이 호기심으로 어떤 행위를 하다가 큰 코 다칠 수 있는 경우도 있다.

법을 몰라서 당하는 경우도, 법의 처벌을 받는 경우도 있을 수 있다. 남들이 쉽게 돈 번다고 하니까 욕심으로 하거나 따라가다가는 건축법 위반, 철거 명령, 이행 강제금 등을 내야 하는 경우도 있을 수 있다. 관계 기관인

구청, 경찰서, 법원 등에 문의하면 상세히 알려준다. 또 찾아가면 친절히 상담해주는 곳이 많은데 이용을 하지 않을 뿐이다. 경찰서 자문 변호사가 있다. 시청, 구청에도 있고 주민자치센터에도 상담하는 곳이 많다. 경찰서, 소방서, 구청, 시청은 우리 시민을 위해 존재하는 곳이다.

누구나에게 쉽고 술술 읽히는 재미있는 책을 쓰고 싶었다. 지난 28년 동안 숱하게 만난 사건들과 내가 실제 겪은 경험담을 진실하게 담았다. 이 책을 읽고 '아, 이런 것을 하면 안 되는구나. 관계 기관에 이런 것을 물어볼 수 있구나.'라고 느끼면 좋겠다. 이 책이 세상에 밖으로 나오기까지 힘써준 여러분에게 진심으로 감사드린다. 〈한국책쓰기1인창업코칭협회〉 김태광 대표님, 권동희 님, 그리고 코치님들, 굿웰스북스 송영화 대표님, 임종익 본부장님, 이다경 팀장님 및 출판사 관계자님들에게 감사드린다. 무엇보다 언제나 미안하고 고마운 가족에게 이 책이 작은 선물이 되기를 소망한다. 또한 책에 등장하는 지인, 친구들에게도 감사한다. 이 책으로 가족과 형제, 지인, 친구, 사람들의 소중함을 안 나 자신에게도 고마움을 전한다. 이 책을 읽고 느낀 점이 많았다면 반드시 실천하기 바란다. 시골 촌놈 출신으로 이 자리까지 오게 된 것에 무한한 감사를 드리며 독자 한 분 한 분 모두의 건강을 진심으로 기원한다.

2020년 12월 김정탁 드림

목차

4장

일상생활에서 알아두어야 할 법률 상식 9

COMMON

SENSE

OF LAW

1장

어느 날 갑자기 경찰이나 검사에게 전화를 받는다면?

법 없이 살 수 있는 사람이 있을까?

법은 마치 공기처럼 늘 우리 곁에 있다

법이란 무엇일까? 생각을 해보신 적이 있는가? 법 없이 살 수 없을까? 만약 법이 없다면 어떤 현상이 일어날까? 사람이 한두 사람 늘어남에 따라 법이 필요하니까 만들었다고 생각하지 않는가? 어른을 공경하라고 하는데 그러면 어떻게 공경해야 하는가? 이런 것은 학교 다닐 때 도덕 시간에 배웠을 것이다. 법이 지켜지지 않으면 국가가 문란해지고 질서 같은 것이 없는 사회가 되지 않을까? 서로 간에 일어나는 분쟁을 해결하고 편안하고 안전하게 행복한 삶을 살도록 하는 것이 법이 필요한 이유가 아닐까? 만약에 법이 없다면 힘이 센 사람이나 부를 많이 축적한 사람들이 힘 없는 사람들의 자유와 권리를 마음대로 하지 않을까?

우리나라의 인구는 5천만 명이 넘는다. 혹시 우리나라의 섬이 몇 개라고 생각하는가? 한번 생각을 해본 적이 있는가? 주요한 섬만 해도 제주도, 울릉도, 독도, 영종도, 실미도, 홍도, 대흑산도, 소흑산도, 진도, 마라도 등 수없이 많다. 놀라지 마시라! 자그마치 3,300개가 넘는다는 해양수산부 사이트의 소개가 나온다. 이 중 63%가 전라남도에 있다고 한다. 이들 섬 중 사람이 사는 섬은 482개이고 나머지는 사람이 살지 않는 무인도라고 한다. 직업도 엄청 많다. 전 세계가 아니라 우리나라만 봐도 직업이 1만 가지가 넘는다고 한다. 노무사, 공인중개사, 의사, 검사, 판사, 변호사, 경찰, 소방공무원, 군인, 병아리감별사, 차량정비사, 감정평가사, 보험판매사, 간호사 등 무수히 많다.

그럼 우리가 매일매일 접하는 눈에 보이지 않는 공기처럼 사회생활에 밀접한 법은 과연 몇 개나 될까? 여러분이 아는 대로 생각해봐라. 헌법, 법률, 민법, 형법, 민사소송법, 형사소송법, 건축법, 수도법, 금융업법, 주택관리법, 선거법, 국세법, 지방세법 등 중앙행정기관이 관리하는 법이 4,900개가 넘는다고 한다. 어디서 알아보았는지 궁금하지 않은가? 내가 법제처에 전화해서 물어보았다. 지방조례까지 합치면 12만 개가 넘는다. 놀랐을 것이다. 왜 법이 많으냐고 물어보니 사회가 세분되어 있어 그렇다고 한다.

여러분이 전철을 타거나 운전을 하거나 하는 것도 다 법과 관련이 있다. 전철은 어떻게 운행되어야 하는지, 승용차를 운전하면 어떻게 해야 하는지, 교통신호는 어떻게 지켜야 하는지, 운전면허를 취득할 때부터 알게 되는 것이다. 법이 우리 눈에 보이지 않기 때문에 잘 알지 못하는 것뿐이다. 눈에 보이지 않는다고 안 지키는 것이 아니다. 교육을 통해서 알기도 하고, 자연적으로 부모로부터 습득되어 알게 되는 것도 있다. 이를테면 파란색 신호등이 들어오면 횡단보도를 건너고, 운전하는 입장에서 보면 빨간색 신호등이 들어오면 차를 멈추어야 한다. 이런 것은 도로교통법을 몰라도 학교나 부모로부터 배워서 알고 있다. 이것을 지키지 않으면 사고가 나는 것이다.

물론 법으로 되어 있지 않은 것도 있다. 도덕이라는 규범이다. 지하철이나 버스에 연세가 많으신 어른이 탈 때 자리를 양보해주지 않는다고 국가가 어떠한 조치를 하는 것은 아니다. 그렇지만 전해져 내려오는 미풍양속을 배웠으니 실천하거나, 양심에 따라 스스로 하는 것이다. 만약 법이 없어 그냥 둔다면 매일매일 싸우거나 시끄러워서 사람이 살지 못할 것이다.

매일 윗집에서 노래를 부르고 춤을 춘다. 본인이 직접 올라가서 문을 두드리고 "왜 뛰십니까? 조용히 해주세요!" 하고 싸울 수는 없다. 그렇다고 나는 잠을 자야 하는데 법이 없으니 어쩔 도리가 없지 않은가?

친구들과 깊은 산속에 산삼이나 송이를 캐러 갔다. 어떤 사람이 송이나 산삼 한 뿌리만 캐서 나왔다고 가정해보자. 피해자인 산 주인 입장에서는 등산객이 한 뿌리 캐어 갔지만 또 그다음 날 다른 사람이 캐어 갔다. 그러면 그 주인의 그해 산 농사는 망한다. 또 임대했다고 하면 어떤 피해가 날 것인가? 여러분이 산 주인과 형제라면 어떻게 하겠나? 만약 송이를 캐어 가다가 산 주인이 신고하면 어떻게 될까? 임자 있는 산이라고 생각하지 않았는지, 송이를 몰래 캐어 가면 안 될지, 한 번 더 생각해야 하지 않을까?

'그 커다란 산에 주인은 무슨 주인이 있겠어?'는 '저 넓은 들판에 주인이 어디 있겠어?'와 같은 논리이다. 뭐든지 다 주인이 있지 않을까? 국가이든, 개인이든 다 주인이 있는 것이다.

지금 전 세계적으로 전파되고 있는 코로나도 마찬가지일 것이다. 격리 대상자가 되면 어떻게 해야 하는지를 다 알고 있을 것이다. 그런데 심심하다는 이유로 현장을 벗어난다. 전염병 예방 관련 공무원이 대상자가 현장 이탈한 것을 알게 된다. 그런데 잡혀온 대상자가 자신의 행동으로 어떠한 일이 일어날지 몰랐다고 변명한다. '설마 그렇게 번지겠어? 나도 특별한 증상이 없는데.'라고 생각했던 것이다. 바로 '그 설마' 때문에 전 세계적으로 많은 인적 · 경제적 피해가 일어나고 있다.

법이 없으면 어떻게 될까?

만약 법이 없다고 생각해보자. 길거리에 담배꽁초를 아무데나 누구나 버린다. 또 침을 아무 곳에나 뱉고, 소변도 아무 곳에서나 본다. 여러분의 집이나 가게 앞에 그런다고 생각해보라. 밤낮없이 번번이 싸움이 일어날 것이 뻔하다. 길을 걸어가는데 애완견이 당신의 다리 밑으로 들어갔다고 가정하면 어떻게 될까?

"개를 어떻게 관리하는 거야, ×발!"
"뭐? ×발이라 했어? 개××야?"
"어째 한판 붙어볼까? 찌질이 같은 놈아!"
"뭐? 우라질 놈, 너 어미 아비도 없냐!"

이렇게 서로 욕설을 했다고 하면 주위에 구경꾼들이 모여든다. 이렇게 되면 어쩌겠는가?

‘사회가 있는 곳에 법이 있다'는 말이 있다. 사람들이 모여 살면 법이 있게 되기 마련이다. 우리가 어디에 놀러 가서 호텔에 머물든지, 어떤 곳에서 무엇을 먹든지 아니면 영화관이나 연극을 보든지, 우리의 일상생활이 항상 법과 연관되어 있는 것이다. 또한 살아가면서 누구나 다 편안하고 행복할 권리가 있다.

헌법 제10조(행복추구권) 　모든 국민은 인간으로서의 존엄과 가치를 가지며, 행복을 추구할 권리를 가진다. 국가는 개인이 가지는 불가침의 기본적 인권을 확인하고 이를 보장할 의무를 진다.

형법 제329조(절도) 　타인의 재물을 절취한 자는 6년 이하의 징역 또는 1천만 원 이하의 벌금에 처한다.

형법 제311조(모욕) 　공연히 사람을 모욕한 자는 1년 이하의 징역이나 금고 또는 200만 원 이하의 벌금에 처한다.

형법 제312조(고소와 피해자의 의사) 　① 제308조와 제311조의 죄는 고소가 있어야 공소를 제기할 수 있다.

감염병의 예방 및 관리에 관한 법률 제47조(감염병 유행에 대한 방역 조치)
질병관리청장, 시 · 도지사 또는 시장 · 군수 · 구청장은 감염병이 유행하면 감염병 전파를 막기 위하여 다음 각 호에 해당하는 모든 조치를 하거나 그에 필요한 일부 조치를 하여야 한다. (중략)
3. 감염병 의심자를 적당한 장소에 일정한 기간 입원 또는 격리시키는 것

감염병의 예방 및 관리에 관한 법률 제79조(벌칙)
다음 각 호의 어느 하나에 해당하는 자는 2년 이하의 징역 또는 2천만 원 이하의 벌금에 처한다. (중략)
5. 제76조의 제6항을 위반한 자

02

모든 사건 사고는 갑자기 찾아온다

사고는 갑자기 찾아온다

요즈음은 음악을 듣고 가는 사람들이 많다. 큰 헤드폰이나 이어폰으로 듣는다. 길을 가다 보면 횡단보도에서 핸드폰을 하는 사람들도 있다. 왜 그리 바쁜 것인지, 승용차 입장에서 파란색 불이 들어왔다. 보행하는 사람은 횡단보도 신호등이 빨간색으로 바뀐 것을 못 보았다. 빵빵 경적을 울려도 이어폰을 해서 못 들을 수 있거나 음악에 집중해서 못 들을 수 있다. 누가 보아도 위험하기 짝이 없다. "저러면 안 되는데." 하고 혼잣말로 한 적은 없는가? 올 여름에는 태풍 '마이삭'과 '하이선'으로 많은 피해를 당했다. 갑자기 비를 동반한 폭풍으로 인하여 산사태가 나서 집이 무너지고 폭우로 도로가 끊어지고 다리가 없어졌다. 많은 이재민들의 집이 물에 잠겼다. 농민들의 농토와 비닐하우스 등이 피해를 보았다. 자원봉사자 및 군인, 공무원 등 너 나 할 것 없이 두 팔을 걷어붙이고 복구에 여념이 없었다.

사고는 갑자기 찾아온다. 가끔 뉴스에 보도되는 것을 보면 고속도로에서 차에 불이 붙는 경우도 있다. 점검을 하지 않아서 그럴 수도 있다. 그것이 내가 운전하는 차일 수도 있다. 아이들이 갑자기 뛰다가 승용차에 살짝 부딪히는 일도 있다. 공놀이를 하다가 공이 차 밑으로 들어가는 경우도 있다. 이를 모르고 차를 운전하다가 사고가 나기도 한다. 아이들은 극장이나 다른 곳에서도 많이 뛰어논다. 누구나 다 어렸을 때는 그렇게 놀았을 것이다.

이런 일도 있었다. 어린이나 유아들은 호기심이 많다. 아파트나 어린이집에서 친구랑 물건을 가지고 논다. 놀면서 창문이나 베란다 창문을 열어 멀리 던지기를 한다. 장난감 던지기, 숟가락 던지기, 크레용 등 아이들은 경쟁을 한다. 놀이다. 아이들이 재미삼아 놀았던 모양이다. 문제는 아이들이 던진 것이 아파트 단지 내 주차된 차량 위에 떨어졌다. 승용차 차량에 형형색색 페인트 같은 것이 묻었다. 또 밥 먹는 숟가락을 던졌는데 아무도 다행히 다친 사람이 없었다.

돌아가신 내 아버지는 치매가 있으셨다. 지나간 과거는 잘 기억하셨다. 논이 어디에 있는지, 옛날 닭이며 개 장사했던 얘기는 잘 기억하셨다. 어느 날 아내를 동생 이름으로 부르고는 했다. 나와 장기를 두는데 사실 내가 이기고 있는데 일부러 져드렸다. 아버지는 나에게 "너는 나의 상대가 안 된다!" 하며 웃음을 지었다. 내가 한 번 이기고 2번 져드렸다. 그런 아버지가 담배를 피우고 코를 푼 화장지를 큰 깡통에 버리곤 했다. 시골이라 담배를 피우고는 담뱃불을 끄고 버렸는데 그 불이 코를 푼 화장지에 붙었다. 시골집을 새로 지은 지 7년 정도 되었는데 그만 불이 나 다 타버렸다. 심지어 숟가락도 불에 그을린 채 있었다. 아무것도 쓸 게 없었다. 그게 지금부터 5년 전이다. 불이 난 것이 2015년 1월이었다.

불이 나고 1년 후 치매가 있었던 아버지는 시름시름 앓고 적십자병원에 가서 링거를 맞았다. 내가 병문안을 갔는데 아버지는 답답해서 링거를 뽑아버렸고 오줌을 약간 지리셨다. 병원 의사가 아버지 가운데 손가락에 뭔가 온도게이지 같은 것을 붙여보았다. 온도계 같은 것이 움직이지 않았다. 그런데 의사 선생님이 간호사에게 똑같이 하니까 움직였다. 그리고 다음 주에 다시 온다고 말한 것이 나와 마지막이었다. 지금 생각해보니 아버지는 신경이 일주일 전 벌써 통하지 않은 것이었다. 병원 갔다 온 지 일주일 후 아버지는 돌아가셨다. 아버지가 돌아가셨다는 소식을 듣고 하늘이 무너져버리는 것 같았다. 잘해 드리지 못한 것에 후회가 밀려왔다.

사고가 났을 때 어떻게 대처해야 할까?

어린아이들의 장난으로 사고가 일어날 수도 있고, 갑자기 길을 잘 가고 있는데 다른 차량이 와서 불가피하게 난 사고도 있다. 앞서 말한 것과 같이 사고를 예고하면 누구나 다 피할 수 있다. 문제는 사고가 누구에게나 일어날 수 있다는 것이다. 비행기가 될 수도 있다. 비행기 사고가 나면 사람들은 한동안 비행기를 타지 않는다고 한다. 그렇지만 비행기 사고가 날 확률은 본인의 자동차가 사고가 날 확률보다 낮다. 물놀이 가서 준비 운동을 하지 않아서 사고가 날 수도 있고, 축구를 하다가 부딪쳐서 쓰러지는 경우도 있다. 프로 축구선수도, 프로 야구선수도 운동장에서 쓰러지는 일이 있다. 운이 좋은 사람은 넘어져도 다치지 않는 사람이 있는가 하면 어떤 사람은 살짝 넘어졌는데도 많이 다치는 경우가 있지 않은가? 누구도 갑자기 일어나는 일에는 어쩔 도리가 없는 것이다.

다만 사고가 났을 경우 어떻게 해야 하고, 어떤 방법이 최선인지는 사람마다 다르다. 아무 대책이 없이 있는 사람도 있고, 신속하게 대비해서 일이 더 커지지 않도록 하는 사람도 있다. 누가 맞고 누가 틀린지 정답은 없다고 생각한다.

2020년 9월, 대마초를 피우고 포르셰 차량을 몰던 A씨가 부산 해운대구에서 두 차례 교통사고를 낸 뒤 시속 140km로 달아난 사건이 있었다. 경찰은 교통사고 외에도 대마 유입 경로 등에 대해서도 폭넓게 수사하고 있다고 했다.(참고자료: '환각질주' 해운대 포르셰 운전자에 윤창호法 적용, 〈조선일보〉, 2020.09.18.)

이처럼 교통법규를 지키면서 교통 흐름의 안내에 따라 잘 가고 있는데 내가 원치 않는 사고가 일어날 수 있다. 이렇듯 갑자기 일어나는 일에 어떻게 대비해야 하는가? 너 나 할 것 없이 준법정신을 가지고 안전하게 다니도록 해야 하지 않을까? 모든 일이 갑자기 찾아오기 때문에 항상 위험이 따르는 행동은 하지 마라. 교통신호도 한 번 더 생각해보는 마음을 가지면 좋지 않을까?

형법 제366조(재물손괴등)

타인의 재물, 문서 또는 전자기록 등 특수매체기록을 손괴 또는 은닉 기타 방법으로 기 효용을 해한 자는 3년 이하의 징역 또는 700만 원 이하의 벌금에 처한다.

형법 제367조(공익건조물파괴)

공익에 공하는 건조물을 파괴한 자는 10년 이하의 징역 또는 2천만 원 이하의 벌금에 처한다.

특정범죄 가중처벌 등에 관한 법률 제5조11(위험운전 등 치사상)

① 음주 또는 약물의 영향으로 정상적인 운전이 곤란한 상태에서 자동차(원동기장치자전거를 포함한다)를 운전하여 사람을 상해에 이르게 한 사람은 1년 이상 15년 이하의 징역 또는 1천만 원 이상 3천만 원 이하의 벌금에 처하고, 사망에 이르게 한 사람은 무기 또는 3년 이상의 징역에 처한다.

② 음주 또는 약물의 영향으로 정상적인 운항이 곤란한 상태에서 운항이 목적으로 「해사안전법」 제41조 제1항에 따른 선박의 조타기를 조작, 조작 지시 또는 도선하여 사람을 상해에 이르게 한 사람은 1년 이상 15년 이하의 징역 또는 1천만 원 이상 3천만 원 이하의 벌금에 처하고, 사망에 이르게 한 사람은 무기 또는 3년 이상의 징역에 처한다.

마약류 관리에 관한 법률 제3조(일반 행위의 금지)

누구든지 다음 각 호의 어느 하나에 해당하는 행위를 하여서는 아니 된다.(중략)

10. 다음 각 목의 어느 하나에 해당하는 행위

　가. 대마 또는 대마초 종자의 껍질을 흡연 또는 섭취하는 행위(제7호 단서에 따라 의료 목적으로 섭취하는 행위는 제외한다)

　나. 가목의 행위를 할 목적으로 대마, 대마초 종자 또는 대마초 종자의 껍질을 소지하는 행위

　다. 가목 또는 나목의 행위를 하려 한다는 정을 알면서 대마초 종자나 대마초 종자의 껍질을 매매하거나 매매를 알선하는 행위

03

경찰서에 평생 처음 가게 된다면?

사람들이 경찰서에 왜 갈까?

우리가 생활하면서 필요하면 자기가 살고 있는 지역 주민센터에 주민 등록등본 등을 떼러 간다. 또 자동차를 구입하면 본인이 직접 등록할 경우, 관할구청에 간다. 또 예비군 훈련이나 소집통지서를 받았을 경우 주민센터에 가곤 한다. 또 본인이 갑자기 배가 아파서 병원에 간다. 그러나 경찰서에는 가는 일이 거의 없을 것이다. 경찰관이 순찰을 돌다가 어떤 집에 가곤 한다. 그러면 이웃 주민들이나 사람들이 "무슨 일 있나요?"라고 묻는다. 경찰관이 주민의 집에 왜 가는 것인지 한 번쯤 생각하지 않았는가? 가는 이유가 많다. 예를 들어 말하면 어떤 가족이 전화를 어제부터 받지 않을 때도 있고 여러 가지 사연은 많다. 만약 부모님이 지방에 살고 있어 갑자기 올라올 수 없을 때 경찰관의 도움을 받는 경우도 있다.

여러분도 경찰관이 여러분의 집 옆이나 앞집에 출동한 것을 본 적이 있는가? 경찰관이 부모님이나 가족을 오라고 할 때가 있다. 청소년이 호기심으로 면허 없이 오토바이를 타다가 경찰관에게 발견되었을 때도 부모에게 인계하도록 되어 있다. 그때 청소년을 데리러 경찰서나 지구대, 파출소에 간다. 또한 학생들끼리 다투었을 때도 있다. 아니면 청소년들이 인터넷에서 물건을 팔고 사다가 잘못되어서 경찰서에서 오라는 경우도 있을 수 있다.

내가 고등학교 2학년 때 일이다. 경북 김천에서 온 친구가 상주로 와서 자취생활을 하고 있었다. 나와 친구들이 친구의 집에서 놀다가 집으로 왔다. 잠을 자는데 경찰차가 와서 ○○동 있었느냐고 물어 그렇다고 했다. 그러자 경찰관들이 사실 확인을 위해 파출소에 가자고 했다. 우리 부모님은 나를 보고 뭐 잘못했냐고 물었다. 나는 아무 잘못도 없다며 걱정 말라고 했다. 내 친구들도 이미 파출소에 와 있었다. 경찰관들이 여학생들에게 "저기 학생들이 맞느냐?"라고 하니까 "아니요."라고 답했다. 아마 남

학생한테 맞았는지, 그 여학생들에게 무슨 일이 있었던 모양이었다. 우리 친구들은 ○○동에서 놀았는데 우리를 그 당시 잘못한 학생으로 보았던 것이다.

청소년기에는 호기심이 많다. 여러분도 청소년기에 그렇지 않았는가? 친구들이 뭐 하자고 하면 같이 간다. 친구들과 영화도 보고 농구나 축구도 한다. 또 다른 학교 학생들과 농구 같은 시합도 한다. 또 당구를 치러 가기도 하고 노래방에 같이 가기도 한다. 또 여름방학 때면 도시를 떠나 강과 바다로 친구들과 가기도 한다. 여러분도 그런 추억이 있을 것이다. 아빠, 엄마와 여행 가는 것보다 친구가 그 당시에는 좋다. 속담에 친구 따라 강남 간다는 말도 있지 않은가?

호기심에 청소년들이 실수를 저지르기도 한다. 지방에서 올라와서 PC방에서 놀다가 갈 데가 없어서 길거리나 공원에서 발견된다. 청소년이고 어려서 어디 사는지, 왜 집에 들어가지 않는지, 물어보면 가출을 한 것을 알게 된다. 청소년은 아직 사리판단 능력이 부족하므로 그들을 안전하게 부모에게 인계해야 한다. 부모가 없는 경우도 있다. 할아버지, 할머니와 사는 경우도 있다. 이렇듯 자식이나 손자 때문에 경찰서에 오는 경우도 있다. 할머니, 할아버지는 평생 경찰서가 처음이라고 말한다. 부모님도 마찬가지로 "고맙다, 수고하시라." 하면서 가는 경우가 있다.

이런 경우뿐만이 아니다. A가 차를 운전하고 가다가 B차량과 사고가 났다. 사고현장에 가서 2차 사고의 방지를 위해 차량의 운전자들을 확인한다. 사고 경위나 연락처 등을 묻고, 사진을 찍고, 부상 여부 등을 확인한다. 2차 사고의 방지를 위해 차량을 안전한 곳으로 이동시킨다. 사고로 차량이 밀려서 교통 흐름을 원활히 하기 위해 교통 통제를 한다. 자초지종을 묻자 서로 잘못이 없다고 한다. 그럼 사실 관계를 확인하기 위해 경찰서에 가자고 본인들이 이야기한다. 교통사고 조사계에서 블랙박스나 다른 설명을 듣고 교통사고 조사반을 나온다. 나오면서 하시는 말이 '경찰서는 내 평생 처음'이라는 것이다.

나 하나쯤이야, 괜찮겠지?

코로나 때문에 요즈음 난리다. 예전에는 마스크를 썼던 사람을 이상하게 보았다. 그런데 지금은 마스크를 쓰지 않은 사람을 다들 이상하게 생각한다. 그만큼 코로나로 사람들이 민감하다. 외국에서 들어온 사람이든가 아니면 다른 곳에 갔다가 관할구청 보건소에서 격리조치를 받은 사람들은 2주간 격리된다. 그런데 사람들이 2주간을 참지 못하고 자기 집 근처의 편의점 등에 10분간 갔다 온다. 그러면 보건소 직원이 그것을 알고 격리조치 위반으로 고발조치 한다. 왜냐하면 격리조치를 할 때 주의사항 등을 상세히 알려주었기 때문이다. 사람들의 안전 불감증으로 '나 하나쯤

이야, 금방 갔다 오는데 뭐!' 이렇게 생각하는 모양이었다. 50대 아주머니 하는 말이 "내 평생 경찰서 처음이네!"라고 말했다. 세계적으로 코로나 백신이 없는 상태이니 사람들이 민감한 것이 사실이다.

2020년 8월, 서울 지하철에서 마스크를 쓰지 않는 A에게 승객 B가 마스크를 쓰라고 하자 A는 갑자기 신고 있던 슬리퍼로 앉아 있는 B의 얼굴을 후려치고 욕설을 하는 등 행패를 부렸다. 그 상황은 역무원과 경찰이 오고 나서야 끝났다. 경찰은 행패를 부린 A를 현행범인으로 체포해서 조사를 했다.(참고자료: "마스크 써달라" 하는 말에… 출근길 공포의 폭행, 〈SBS〉, 2020.08.28.)

세상에는 내가 막을 수 있는 일도 있고 없는 일도 있다. 운전을 잘하고 가는데 신호등에 걸렸다. 그런데 본인 뒤 차량 운전자가 부주의로 핸드폰을 보다가 접촉사고를 내는 경우도 있다. 또 횡단보도에서 초등학생이 뛰쳐나올 수도 있다. 고양이나 주인 없는 개가 갑자기 차량 앞으로 뛰어들어 급정거로 사고 나서 오는 경우도 있을 수 있다. 자녀들이나 손자, 손녀들이 호기심 때문에, 차량 사고 때문에, 코로나 때문에 경찰서에 처음 오는 경우도 있지 않는가?

형법 제260조(폭행, 존속폭행)

① 사람의 신체에 대하여 폭행을 가한 자는 2년 이하의 징역, 500만 원 이하의 벌금, 구류 또는 과료에 처한다.

② 자기 또는 배우자의 직계존속에 대하여 제1항의 죄를 범한 때에는 5년 이하의 징역 또는 700만 원 이하의 벌금에 처한다.

③ 제1항 및 제2항의 죄는 피해자의 명시한 의사에 반하여 공소를 제기할 수 없다.

감염병의 예방 및 관리에 관한 법률 제47조(감염병 유행에 대한 방역 조치)

질병관리청장, 시 · 도지사 또는 시장 · 군수 · 구청장은 감염병이 유행하면 감염병 전파를 막기 위하여 다음 각 호에 해당하는 모든 조치를 하거나 그에 필요한 일부 조치를 하여야 한다.(중략)

3. 감염병 의심자를 적당한 장소에 일정한 기간 입원 또는 격리하는 것

감염병의 예방 및 관리에 관한 법률 제79조의3 제5호(벌칙)

다음 각 호의 어느 하나에 해당하는 자는 1년 이하의 징역 또는 1천만 원 이하의 벌금에 처한다.(중략)

5. 제47조 제3호 또는 제49조 제1항 제14호에 따른 입원 또는 격리 조치를 위반한 자

청소년 보호법 제1조(목적)

이 법은 청소년에게 유해한 매체물과 약물 등이 청소년에게 유통되는 것과 청소년이 유해한 업소에 출입하는 것 등을 규제하고 청소년을 유해한 환경으로부터 보호 · 구제함으로써 청소년이 건전한 인격체로 성장할 수 있도록 함을 목적으로 한다.

청소년 보호법 제2조(정의)

이 법에서 사용하는 용어의 뜻은 다음과 같다.

1. "청소년'이란 만 19세 미만의 사람을 말한다. 다만, 만19세가 되는 해의 1월1일을 맞이한 사람은 제외한다.(중략)

4. "청소년유해약물 등"이란 청소년에게 유해한 것으로 인정되는 다음 가목의 약물(이하 "청소년유해약물"이라 한다)과 청소년에게 유해한 것으로 인정되는 다음 나목의 물건(이하 "청소년유해물건"이라 한다)을 말한다.

   가. 청소년 유해약물

   1)「주세법」에 따른 주류

   2)「담배사업법」에 따른 담배

법은 수학 공식 같은 것이 아니다

인생사는 생각처럼 되지 않는 것도 많다

지금 유치원에서 수학을 배운다. 예전에는 산수라고 하여 1+1=2, 1+2=3 하면서 초등학교 다닐 때 외워서 익혔다. 사람이 살아가면서 꼭 해야 하는 것이 수학인 것 같다. 물건값을 계산하거나 거스름돈을 받을 때도 그렇다. 시장에서 과일을 살 때도 어떤 것은 수량이 많은데 가격은 수량이 적은 것과 비슷하니까 살 때도 수학이 필요하다. 무엇을 비교할 때, 살면서 수학은 꼭 필요 불가결한 것이다. 그러나 사회생활이 꼭 수학 공식처럼, 덧셈 뺄셈처럼 답이 나오는 것이 아니라는 것은 누구나 알고 있다. 물건값이야 대부분 1개에 300원이면 2개에 600원이다. 우리가 매일매일 생활하면서 함께하고 있는 공기와도 같은 법은 그렇지 않다.

예전에 이런 일들도 있었다. 신고출동을 받고 가면 서로 아는 동네 선후배 사이인데 술을 먹다가 선배에게 인사를 잘하지 않는다고 A라는 선배가 B후배를 주먹으로 때렸다. B도 "선배면 다냐?"라며 서로 치고받고 싸우다가 흥분되어 씩씩거리면서 "저 사람 처벌해주세요. 눈이 밤탱이 되었어요."하고 B가 말했다. 그러니까 A가 "그래 ××놈아! 어디 마음대로 해봐라!" 하며 서로 화해가 되지 않았다.

결국 두 사람은 지구대에서 경찰서로 가서 조사를 받고 나왔다. 몇 달이 지난 후에 지구대로 B가 들어와서 "상담할 게 있다."라고 했다. 얘기해보시라고 하자 똑같이 싸웠는데 왜 나만 벌금이 10만 원 더 나왔느냐고 물었다. 싸웠으니까 벌금이 나왔다고 자세히 설명해주었다. 똑같이 싸우면 똑같이 벌금이 나와야 하는 게 아니냐며 횡설수설하고 지구대에서 나갔다.

똑같은 선생님에게서 배우는 데 누구는 1등을 하고 이해력이 부족한 나를 비롯한 사람은 꼴찌도 하는 것이다. 솔직히 나는 다른 사람이 말을 하면 똑같은 내용을 약간 늦게 이해하는 편이다. 같은 선생님 밑에서 똑같이 들었으면 전부 똑같은 점수나 1등이 나와야 하지 않는가 생각도 했다. 아무튼 서로 개인적인 머리가 차이가 있고 집중력에도 차이가 있을 수 있으니까 그런 것이 아닐까? 일하는 시간은 똑같은데 기술 습득에 차이가 있듯 살아가는 데 똑같지는 않다고 여러분도 느낄 것이다. 학교 다닐 때 운동회를 한다. 지금 생각해보니 100m는 안 되는 것 같은데 그 당시에는 굉장히 먼 거리 같았다. 어렸기 때문에 운동장은 초등학교 때 어마어마하게 큰 것 같은 느낌이 있었다. 그 당시 같은 친구들이 5~6명 뛰는데 1등 하는 학생도 있고 꼴찌 하는 학생이 있다.

사람은 생각하는 동물이다. 생각하는 대로 되면 안 되는 것이 없지 않겠는가? 세상의 순리가 되는 것도 있고 안 되는 것도 있다. 나는 1남 5녀 중 외동이었다. 군대도 일찍 갔다 오려고 해병대에 자원입대하였다. 나를 테스트하고 싶었다. 얼마나 강한 사람으로 바뀌는지 나름대로 계산했다. 못 견디는 것은 없는 강한 나를 만들었다. "쌀 한 톨의 절약정신 경제군대 이룩한다. 감사히 먹겠습니다." 이러한 정신이 내 몸 한곳에 깊숙이 박혀 있다. 또 다른 제복이 마음에 들어 경찰에 입문했다. 승진 시험에서 몇 번 떨어졌다. 외국도 나가고 싶은 욕망에 또 다른 나를 시험하고자 아프가니스탄 지원을 했다. 나이도 있고 키 때문인지 지원했는데 탈락했다. 내가 바라고 생각하는 것이 수학 공식처럼 되지 않았다.

여러분은 생활하면서 마음먹은 대로 되었는가? 수학 공식은 10+10=20
이다. 그러나 노력을 했는데도 안 되는 것도 있다. IMF 때 집값이 더 내려
갈 거라고 나는 예상했다. 아내는 이때가 기회라고 했다. 하지만 내 고집
이 강해서 내가 하자는 대로 해서 이득이 없었다. 이처럼 생각은 다 개인
마다 다르다. 내가 맞고 네가 틀린 것이 아니란 말이다.

만일 사고가 나면 누가 손해인가?

이런 경우도 있었다. 어떤 사람이 횡단보도에서 신호를 기다리고 있었
다. 그런데 한 사람이 빨리 가려고 신호를 지키지 않고 건넜다. 경찰관이
무단 횡단을 하는 분을 보고 그분을 정지시켰다. "○○경찰서 순경 ○○
○입니다. 선생님께서 도로교통법을 위반하였습니다."라고 적법 절차에
따라서 범칙금 고지서를 발행하였다. 그러자 그 사람은 왜 자기만 잡느냐
고 한다. 경찰관이 자초지종을 얘기하여도 막무가내다. 신호를 지켜도 충
분히 건너갈 수 있다고 설명해주고 이해시켜도 소용없다. 그냥 건너다가
교통사고가 나면 큰일나고 다치면 얼마나 손해냐고 하니 그때서야 인정
하고 간다.

입장이 바뀌어 당신이 차를 운전하고 간다. 느닷없이 행인이 건너면 운
전자가 깜짝 놀라서 브레이크를 밟는다. 그렇지 않은가? 뉴스에서도 비가

오는 날 무단 횡단을 하다가 사망하는 일이 가끔씩 보도되지 않는가?

만약 여러분이 음식점에서 부모, 형제, 가족들이랑 식사를 하고 있는데 옆 테이블에서 밥을 먹다가 코를 풀고 있다면 어떤 기분이 드는가? 그냥 있기도 뭐하고 말 안 하고 있자니 너무 예의 없는 경우가 아닌가? 이렇게 예의 없게 행동하는 사람을 어떻게 해야 하는가? 참으로 난감하다는 생각이 순간 머리에 교차하지 않는가? 이처럼 모든 일은 수학 공식처럼 내 마음대로 되지 않는다. 나도 예의를 지켜야 하고 상대방, 아니 다른 모든 사람도 지켜주면 된다.

공원이나 산책로에 심겨 있는 예쁜 꽃을 꽂꽂이하려고 한 개 꺾었다. 그런데 앞서 간 분이 한 개, 뒤따라오던 사람이 한 개 꺾었다. 한참 지나면 꽃이 없어지게 될 것이다. 그러면 누가 손해를 입는가. 우리가 손해를 입는다. 꽃은 우리의 눈을 즐겁게 해주고 마음을 안정시켜준다. 그것이 없다면 우리가 손해를 보는 것이다.

우리를 위해 국가기관 및 지방자치단체에서 꽃들을 주변에 심는 것이다. 이처럼 법은 우리의 눈에 보이지는 않지만 수학 공식 같지 않은 많은 일들이 일어나고 있다.

형법 제260조(폭행죄)

① 사람의 신체에 대하여 폭행을 가한 자는 2년 이하의 징역 또는 벌금, 구류, 과료에 처한다.

② 자기 또는 배우자의 직계존속에 대하여 제1항의 조를 범한 때에는 5년 이하의 징역 또는 700만 원 이하의 벌금에 처한다.

③ 제1항 및 제2항의 죄는 피해자의 명시한 의사에 반하여 공소를 제기할 수 없다.

도로교통법 제8조(보행자의 통행)

① 보행자는 보도와 차도가 구분된 도로에서는 언제나 보도로 통행하여야 한다. 다만 차도를 횡단하는 경우, 도로공사 등으로 보도의 통행이 금지된 경우나 그 밖의 부득이한 경우에는 그러하지 아니하다.

② 보행자는 보도와 차도가 구분되지 아니한 도로에서는 차마와 마주보는 방향의 길 가장자리 또는 길가장자리구역으로 통행하여야 한다. 다만, 도로 통행방향이 일방통행인 경우에는 차마를 마주보지 아니하고 통행할 수 있다.

도로교통법 제10조(도로의 횡단)

① 보행자는 모든 차의 바로 앞이나 뒤로 횡단하여서는 아니 된다. 다만, 횡단보도를 횡단하거나 신호기 또는 경찰공무원등의 신호나 지시에 따라 도로를 횡단하는 경우에는 그러하지 아니하다.

05

우리 일상이
법의 테두리 안에서 일어난다

약속한 것같이 이루어지는 것이 의외로 많다

혹시 공중화장실법을 들어본 적이 있는가? 예전에는 지하상가에 가서 화장실에 가려면 50원을 주고 화장실에 가서 소변 등의 볼일을 보곤 했다. 우리의 일상생활이 사람마다 각기 보통 거의 같은 패턴으로 움직일 것이다. 여러분도 한번 생각해봐라. 매일매일 일어나서 아침을 먹고 같은 시간대에 출근하는 것, 차를 가지고 운전하시는 분은 자기가 좋아하는 방송을 듣는 것, 지하철로 이동하시는 분은 자주 인터넷검색을 한다. 우리가 잘 알지 못하지만 약속이나 한 것같이 행동하고 이루어지는 것이 의외로 많다. 아니 거의 그러할 것이다. 예를 들면 횡단보도에 파란색불이 들어오면 보행자가 건너가도 된다는 것이다. 반대로 운전자 입장에서 빨간색 신호등이면 차를 멈추어야 하는 것처럼 말이다.

이처럼 많은 부분이 실제로는 법의 테두리 속에서 일어난다는 것을 잘 알지 못한다. 시장에서 물건을 고르고 물건과 돈을 바꾸는 것도 일상생활이다. 식당에 가서 밥을 먹고 난 뒤 돈을 주는 것도 같은 방식이다. 만약 밥을 먹고 난 뒤 돈을 주지 않았다고 가정해보자. 여러분이 음식점을 하는 분이라면 어떻게 하겠는가? 그 사람이 진짜로 돈이 없어서 사전에 말을 했다면 어떻게 하겠는가? 아니면 처음에 들어올 때는 당연히 음식점 주인은 식사를 하면 돈을 주리라 믿고 음식을 주는 것이다. 그런데 음식을 먹고 난 뒤 돈을 주지 않는다면 얼마나 황당할지 상상해보라. 물론 이런 경우도 있을 수 있다. 지갑이 있었는데 오는 도중 잃어버려서 돈을 줄 수 없는 경우에는 돈을 어떠한 방식으로든 주면 된다. 계좌이체를 하든지, 아니면 지인에게 돈을 가져다달라고 하든지 말이다. 그런데 막무가내로 '맛이 없어 못 주겠다.' 아니면 '절반 값만 주겠다.'와 같은 황당한 말을 한다면 어떻게 해야 할까?

전철이나 버스를 타면 유난히 목소리가 큰 사람을 볼 수 있다. 목소리를 일부러 크게 하는 것은 아닐 것이다. 사투리는 하루아침에 고칠 수 없기도 하다. 만약 여러분이 지하철이나 버스에서 잠을 자려는데 계속해서 큰소리로 통화를 하면 처음 몇 분간은 괜찮다. 그것이 길어지면 문제가 된다. 내가 경험했던 일이다. 내가 고속버스에서 앞자리에서 3번째 칸에 앉아서 가고 있었다. 5번째 정도 칸에 아주머니가 통화를 길게 하는 것을 느꼈다. 한참을 가는데 신경이 쓰였다. 그런데 5번째 칸 뒤에 있던 아주머니가 "무슨 통화를 그렇게 크고 길게 하느냐?"라고 항의하자 "내 통화 내가 하는데 당신이 뭔데 그러느냐?"라며 말다툼을 하였다. 다행히 버스 기사님이 "여기 운전 방해됩니다. 조용히 가세요."라고 하여 말다툼이 끝났다. 사실 글로 표현해서 그렇지, 엄청났다.

이렇듯 우리는 모든 생활이 다 지켜야 할 선이 있는 것인 줄 알고 있다. 그러나 꼭 어떤 한 사람이 막무가내로 행동을 하다가 말다툼을 하고 때로는 황당한 일들이 일어나는 것이다. 차를 몰고 가다 보면 자기가 다니는 길은 익숙하다. 그렇지만 생소한 곳은 차선을 잘못 들어와서 차량 앞에 들어가는 경우도 있다. 다들 신호를 기다리는데 불쑥 아무렇지도 않은 듯 끼어드는 차도 있지 않은가? 물론 차선을 진짜로 몰라서 그런 경우도 있을 수 있다. 혹시 여러분이 그렇게 한 경우도 있지 않은가? 그러면 여러분은 어떻게 했는가? 가만히 있었는지, 뒤 차량을 향하여 창문 밖으로 손을 들어 미안함을 표현했는지? 여러분이 뒷차였다면 어떤 마음이 들었는가?

'아 저 사람 잘못 차선을 들어왔겠지.' 하고 생각할 것이다. 사람 마음을 볼 수 없듯이 다른 차량이 끼어들려면 못 끼어들게 하는 사람들도 있다. 얌체 차량이 다른 사람은 다 차선을 지키는데 끼어들려 하니까 기분이 좋지 않다. 당신 마음을 보여달라고 한다고 해서 '시커먼지, 하얀지' 말할 수는 없지 않은가?

아이가 성숙하고 머리가 똑똑하다고 11살 어린이에게 면허시험을 보게 하고 운전면허증을 줄 수 없지 않은가? 일정한 나이가 되어야 응시할 수 있다. 여러분의 집 창문에 비가 내리쳐 창문 있는 곳에 빗물받이를 설치하려고 한다. 어떻게 해야 할까? 고민을 해본 적이 있는가? 고민을 해봐야 한다. 무턱대고 하면 되는 것인가, 아니면 안 되는 것일까? 고민이 되었을 것이다. 모든 것이 기준과 요건이 있기 때문일 것이다. 궁금하면 구청이나 주민센터에 문의하면 친절히 알려준다. 면허증 취득 여부는 경찰서, 지구대, 파출소에 물어보면 친절히 알려준다.

아무리 급해도 아무 곳에서나 볼일을 본다면?

화장실이 급한 사람들을 종종 볼 수 있다. 급하다고 아무 곳에서나 소변을 보면 어떻게 되는가? 만약 볼일을 보았다면 냄새는 얼마나 많이 나는가? 만약 여러분의 집 앞에 어떤 사람이 볼일을 보았다면 어떤 기분이 들까? 이런 생각을 해보지 않았는가? 왜 건물에 화장실이 있는데 개방해 놓지 않을까? 내가 급하다고 아무 곳에서나 소변이나 볼일을 볼 수 없는 게 아닌가? 그렇다고 다 개방을 해놓아야 된다면 청소는 누가 해야 하는 지, 그런 문제도 있을 것이다. 화장실을 깨끗이 사용하면 되는데 지저분 하게 사용하면 불쾌하다. 내가 불쾌하면 남도 불쾌한 것은 분명하다. 여 러 사람이 사용하게 되면 아무래도 더럽혀지는 것은 당연할 것이다. 만약 내가 주인이라면 얼마나 불편하겠는가. 깨끗한 화장실을 사용하고 싶은 것은 누구나 다 마찬가지일 것이다.

우리나라도 30년 전에는 고속버스에서 담배를 피웠다. 고속버스 의자 등받이에 재떨이가 있었다. 그뿐만이 아니었다. 기차 안에서도 담배를 피 우고 해서 버스와 마찬가지로 역시 등받이에 재떨이가 있었다. 지금 생각 해보니 당시에는 건강의 중요성을 몰랐다. 하물며 지하철 역사 안에서도 담배를 피웠다. 그 당시에는 아무렇지 않았던 것이다. 지금은 버스, 기차, 전철 승강장 내에서 담배를 피울 수 없다. 이처럼 우리 일상이 변화하기 도 한다. 흡연 장소 이외에서 흡연하는 것을 금지하고 있는 것이 현실이 다.

지금까지 이야기한 내용을 가만히 생각해보라. 우리 생활이 법 안에서 일어난다는 것을 알게 될 것이다. 도로를 건너는 것과 차량이 멈추는 것은 도로교통법, 차량 안에서나 다른 장소에서 시끄럽게 하면 경범죄처벌법, 음식점에서 음식을 먹고 돈을 주지 않았다면 형법상 사기나 경범죄처벌법에 저촉되는 등 우리 주변의 모든 일이 알고 보면 법 안에서 일어나는 것이다.

공중 화장실 등에 관한 법률 제2조(정의)

1. '공중화장실'이란 공중이 이용하도록 제공하기 위하여 국가, 지방자치단체, 법인, 또는 개인이 설치하는 화장실을 말한다.

2. '개방화장실'이란 공공기관의 시설물에 설치된 화장실 중 공중이 이용하도록 개방된 화장실 또는 제9조제2항에 따라 특별자치도지사 · 시장 · 군수 · 구청장(구청장은 자치구의 구청장을 말하며 이하"시장 · 군수 · 구청장"이라 한다)이 지정한 화장실을 말한다.

(중략)

5. '유료화장실'이란 화장실의 설치 · 관리자가 이용자에게 이용료를 받을 수 있는 화장실을 말한다.

경범죄처벌법 제3조 제1항 제12호(노상방뇨 등)

길, 공원, 그밖의 여러 사람이 모이거나 다니는 곳에서 대소변을 보거나 또는 그렇게 하도록 시키거나 개 등 짐승을 끌고 와서 대변을 보게 하고 치우지 않는 경우

경범죄처벌법 제3조 제1항 제21호(인근소란 등)

악기 · 라디오 · 텔레비전 · 전축 · 종 · 확성기 · 전동기 등의 소리를 지나치게 크게 내거나 큰소리로 떠들거나 노래를 불러 이웃을 시끄럽게 하는 경우

경범죄처벌법 제3조 제1항 제39호(무임승차 및 무전취식)

영업용 차 또는 배 등을 타거나 다른 사람이 파는 음식을 먹고 정당한 이유 없이 제값을 치르지 않는 경우

06

세상은 결코 정의롭게만 굴러가지 않는다

사람의 마음을 엑스레이로 볼 수 있으면 좋겠는데!

길을 가고 있는데 나와 반대편에서 걸어오는 사람이 갑자기 나에게 말을 걸 때 "어디로 가시나요? ×를 아세요?"라고 포교 활동을 하는지 길을 가다 물으면 깜짝 놀란다. 미리 예견되어 있는 것도 아니고 느닷없이 갑자기 물어보니 그런 것이다. 또 아픈 사람 마음을 아무리 친하게 지내는 사람도 같이 사는 가족도 완전히는 모른다. 그 사람 입장에 서봐야 안다는 것이다. 구구절절 물어볼 수도 없고 또 이야기를 듣고 도와줄 수도, 안

도와 줄 수도 없는 상태가 되면 난감하다.

 얼마 전 퇴근이 아침이라 길을 가는데 어떤 40대 중반의 아주머니가 자신의 가게 앞에 뭔가를 한 주먹 뿌리는 것을 보았다. 길을 가다가 자세히 보니까 소금이었다. 왜 소금을 뿌리는 것일까? 하루 개시를 원만히 하기 위해서인가, 아니면 코로나로 인한 미신적인 것 때문일까? 세상은 다 자기 기준에 따라 살아가는 것이니 함부로 물어보기도 힘들다. 왜 뿌리냐고 따질 수도 없는 것 아닌가?

 여러분은 앞의 경우와 같은 일을 겪지 않았는가? 세상을 누구보다 열심히 사는 사람이라도 자신이 세상을 잘못 볼 수도 있고, 사람을 잘못 만나 그동안 벌어놓은 재산을 날려버리거나 사기를 당하기도 한다. 기계문명이 발달되어 과학자들이 엑스레이로 사람을 검색하여 사람의 마음을 볼 수 있다면 얼마나 좋을까! 저 사람은 속이 하얀 사람, 하얀 사람은 좋은 사람, 저 사람은 속이 시커멓게 보이니까 나쁜 사람임을 판단하는 것이 있다면 어떨까? 아직까지 과학자들이 만들지는 못했다. 달나라 가는 우주선을 만들고 귀신처럼 쓰윽 오는 전동 킥보드가 있다. 손으로 움직이지 않아도 운전하는 자율주행차가 나왔다. 아직까지 시험주행 등을 하고 있다. 또한 하늘을 나는 택시가 만화영화처럼 다가올 날이 얼마 남지 않았다.

지인이 이발소를 하는데 그는 예전에 집안이 가난하여 15살에 시골에서 나와 이발 기술을 배워 아이 2명 키우면서 집 사고 자식들 혼인시켰다고 한다. 그 당시 가난에 한이 얼마나 맺혔으면 형 결혼식도 가지 않았다고 한다. 형이 일찍 장가를 가서 먹고살기 급급하니까 부모는 같이 농사를 짓고 살자고 했다. 그렇지만 형은 서울로 가겠다고 하는데 부모가 보내주지 않으니까 그만 홧김에 이 세상을 등졌다고 한다. 이발소 사장은 세상에 살면서 굴곡 없는 삶이 어디 있겠냐며 이것저것 더 벌어보려고 하다가 3번 사업을 말아먹고 방 하나에 어머니, 아내, 자식들 2명과 함께 4년 동안 고생하며 살았다고 하였다. 지금은 추억거리가 되었다고 한다.

세상을 살다 보면 내가 마음먹은 대로 되지는 않는다. 뭔가 하려 하면 경기 침체가 올 수도 있다. 1997년 IMF 같은 경제 사태가 왔었다. 2008년 리먼 브라더스 사태가 왔다. 2020년 코로나로 인하여 모든 사람이 사업이나 장사를 하는 데 얼마나 힘든지 피부로 느껴지지 않는가. 장사를 몇십 년 했던 분들도 요즈음 휘청휘청하는데 퇴직자들은 창업을 엄두도 못 낸다고들 한다. 창업하려면 사무실 얻어야지, 임대료 내야 하지, 인테리어 해야 하지, 또 음식점이라면 일하시는 사람들 월급 줘야지, 인원이 많으면 4대 보험 들어야지, 몇 달 일하다가 이것 떼고 저것 떼면 자기가 노동력을 제공한 것은 놔두고 몇 푼 되지 않아 엄두도 못 낸다는 것이다. 음식점도 요즈음 거리두기를 하고 인원 제한이 있어 손님도 없고 또한 감염 위험성으로 사람들이 밖으로 나와 음식을 먹지 않기 때문에 이만저만 고통이 아니라는 것이다.

사회생활을 하다 보면 사람의 깊이를 어떻게 알겠는가. 친하게 되면 모임을 만들고 같이 밥도 먹고 또 술 한잔하다가 서로 얘기가 잘 통하는 사람이 있으면 더욱더 가까워지는 것은 누구나 다 마찬가지일 것이다. 내가 알고 지내던 사람들도 몇 명 모이는데 A와 B는 서로 한 번씩 결혼에 실패한 경험이 있었다. A라는 남자가 먼저 B라는 여자와 같이 친하게 되어 서로 뜻이 맞아 결혼식은 안 하고 같이 살게 되었다. 그런데 남자 A가 사업 자금을 얘기하여 같이 살고 있고 결혼식도 나중에 올린다고 하여 돈을 주게 되었다. 1억 원이 넘는 돈을 주었다고 했는데 어느 날부터 남자 A가 연락이 되지 않고 수소문하다가 돈만 홀라당 먹고 튀는 사람이라는 이야기를 들었다. 여자 B가 한 푼 두 푼 어렵게 모아 모아둔 돈인데 하면서 울고불고 난리가 났다고 한다. 이처럼 가끔 세상이 정의롭지 않은 경우도 있다.

법과 경계선상에 있는 경우도 있다

여러분이 건물을 샀다고 가정해보라. 처음부터 건물에 대하여 자세히 아는 사람은 없다. 집이나 건물을 사고 나서 편의점을 하나 한다고 생각해보라. 다른 가게들은 테라스도 있는데 우리 건물만 테라스가 없으면 장사가 잘되지 않을 것이라고 생각한다. 다른 가게들 하는 것 보고 우리도 저렇게 해야 손님도 많겠다고 판단하여 인테리어를 한다. 누구나 좋은 환경에서 돈도 많이 벌고 싶어 하는 것이 마찬가지일 것이다. 그렇다고 남을 해치는 것 같은 범죄는 아니라서 별다른 죄의식 없이 인테리어를 하고 하는 것이다. 조금 더 넓게 보기 좋게 하여 소비자들이 오게 하는 것이 장사하시는 분들의 심정 아니겠는가? 이렇게 해도 되는가? 한번 생각해본다. 사람들이 돈을 벌려고 하는 것이기 때문에 이윤이 남는 것을 추구한다. 장사를 할 때 시장 조사를 철저히 하지 않고 그냥 '잘되겠지.'라고 혼자 스스로 판단하여 어떤 음식점이나 사업을 하면 절대 안 된다고 장사 고수들은 말한다.

또 장사를 하려면 이웃인 옆 가게들을 잘 만나야 한다. 시장에서 "고기 한 근 만 원, 두 근에 만 8천 원"이라고 계속해서 이야기하자 앞 가게에서 예민하게 듣고 "조용히 장사해라, 시끄러워 죽겠다."라며 서로 감정이 상해서 고소를 해야겠다고 서로 얼굴을 붉히게 되는 경우가 있다. 서로의 입장이 첨예하게 대립하여 법과 경계선상에서 있게 되는 것이다.

우리 사촌 형님은 중학교만 졸업하고 경기 안양시장에서 노점상, 인천 부평시장에서 옷 장사를 하여 수십 년 동안 기반을 닦았다. 그 이후 칼국 수집은 잠깐 하였고, 경기도 안산에서 신발 장사를 꽤 오래 하였다. 장사를 많이 하시던 형님이라 사촌 동생이 장사를 해보려고 한다고 하자, "시장 조사를 철저히 해야 한다. 그래야 돈을 벌 수 있다."라며 출퇴근 시간대, 요일별, 휴일별 계속 철저히 체크를 해야 장사를 해서 성공한다는 것이다. 사촌 형님 본인이 겪은 경험을 토대로 철저한 분석을 해야 된다는 것이다. 그런데 퇴직하고 사람들은 체인점인 치킨 가게, 피자집을 남들이 해서 돈을 버니까 잘된다는 생각으로 꼼꼼히 조사하지 않고 대충하다가 소득도 없고 허송세월에 임대료만 갉아먹는 장사를 한다는 것이다. 사촌 형님이시고 장손이라 항상 배울 점이 많고 존경한다.

나와 아내는 장사를 한번 해보려고 인천 주안역 근처에서 매일매일 출퇴근 시간대를 체크했다. 마지막 단계에서 임대인과 계약을 하려 했는데 조건이 맞지 않아서 장사를 하지 않고 접었다. 누구나 생각한 대로 마음먹은 대로 되지 않는다. 생각을 했더라도 실천하지 않았던 것도 많을 것이다. 세상일이 호락호락 쉽게 되지 않는다는 옛날 어른들의 말씀들이 생각났다.

매일매일 하는 운전도 어떤 날은 집중이 되지 않듯이 매일 다니는 길, 익숙한 곳에서도 사고가 나는 경우가 있는 것이다. 다치고 싶은 사람이 어디 있겠는가? 다치려면 넘어지지 않을 장소에서도 넘어져서 쉽게 다친다. 세상은 나쁜 마음을 먹는 사람들보다 좋은 마음을 가진 사람들이 많기에 돌고 돌아 둥글게 돌아가는 것이다. 세상은 정의롭게 굴러가지는 않지만 각자의 일을 각자의 위치에서 충실히 하면 사회가 올바르게 굴러가지 않을까?

경범죄처벌법 제3조 제1항 제21호(인근소란 등)

악기 · 라디오 · 텔레비전 · 전축 · 종 · 확성기 · 전동기 등의 소리를 지나치게 크게 내거나 큰소리로 떠들거나 노래를 불러 이웃을 시끄럽게 한 경우

형법 제347조(사기)

① 사람을 기망하여 재물의 교부를 받거나 재산상의 이익을 취득한 자는 10년 이하의 징역 또는 2천만 원 이하의 벌금에 처한다.

② 전항의 방법으로 제삼자로 하여금 재물의 교부를 받게 하거나 재산상의 이득을 취득하게 한 때에도 전항의 형과 같다.

형법 제349조(부당이득)

① 사람의 궁박한 상태를 이용하여 현저하게 부당한 이익을 취득한 자는 3년 이하의 징역 또는 1천만 원 이하의 벌금에 처한다.

② 전항의 방법으로 제삼자로 하여금 부당한 이익을 취득하게 한 때에도 전항의 형과 같다.

법을 알면 피할 수 있고 모르면 당한다

경찰관도 여러분의 이웃이다

출근시간 모든 사람이 바쁘다. 일반 사람들의 출근시간대가 비슷하므로 집에서 가까운 곳으로 버스나 지하철을 타려고 다른 사람들은 신호등을 기다린다. 자신 혼자만 바쁘다고 신호등이 들어오지 않았는데 급히 도로를 무단 횡단한다. 차량이나 오토바이의 속도가 있다. 차량의 속도, 오토바이의 속도로 인하여 교통사고 위험을 방지하려고 경찰관이 무단으로 도로를 건너는 사람을 정지시켜 교통범칙금을 부과하는 것이다. 아니면 보행자 신호등이 파란색으로 되어 있는데도 불구하고 운전자들이 자기만 빨리 가려는 욕심에서 횡단보도를 신호를 무시한 채 그냥 가는 경우에도 무단 횡단을 하는 사람과 같이 교통범칙금을 부과한다.

이런 일들도 있었다. 한 시민이 길을 걸어가다가 갑자기 도로를 무단으로 걸어가는 것을 보고 거수경례(제복을 입은 사람이 오른손을 오른쪽 눈썹 근처 부근 가까이에 붙이고 하는 경례예절)를 하고 소속과 성명을 밝혔다.

"선생님께서 도로교통법 위반하였습니다."
"왜 나만 잡나? 국가가 돈이 없는 모양이지! 바쁘니까 빨리 끊어. ×발, 재수 더럽게 없네, 에이 ×발."
"선생님. 욕을 하시면 안 됩니다. 모욕죄로 처벌 받을 수 있습니다."

이렇게 설명하자 얼른 교통위반 스티커를 받고 갔다. 생각해보시라. 여러분도 형제가 있고 가족도 있듯이 경찰관들도 여러분의 이웃이다. 그런데 도로를 그냥 건너는 사람들이나 신호를 위반하고 달리는 운전자들은 자신이 했던 행동은 생각하지 않고 단속을 하는 경찰관들을 향해 거친 말을 하는 것은 잘못되었다고 생각하지 않는가? 만약 경찰관이 여러분의 형제, 가족이라고 생각하면 그렇게 행동하겠는가?

나는 명절이나 가족들이 모이는 날에는 쓸쓸해진다. 여러분이 안전하게 고향에 갔다 오도록 주·야간근무 할 때도 있다. 음식점에서 술을 먹다가 큰소리가 나서 신고를 받고 나가 삼삼오오 가족들이랑 친구들이 모여서 이야기하는 모습, 아이들과 화목하게 얘기하면서 부모님들과 식사하는 모습을 보면서 나는 '부럽네, 보기가 좋다. 나는 저렇게 하지 못했는데.'라고 생각했다. 속으로 나 혼자 가족, 형제, 친척들을 생각했다.

경찰관들도 여러분과 똑같은 사람이다. 도로를 건너다가 차나 오토바이와 사고가 나기 전에 안전 불감증이 있는 분들이 사고가 나지 않도록 근무를 하는 것이다. 교통질서를 지키고 안전하게 다니도록 하기 위해서 무단으로 길을 건너는 사람들이나 신호를 위반하고 그냥 가는 차들을 단속하는 것이다. 아무나 길을 건너고 신호도 지키지 않는다면 어떤 상태가 될까? 여러분이 한번 상상해보시라.

텔레비전 뉴스나 인터넷에서 가끔 무단으로 길을 건너다가 사고가 나는 경우, 아니면 차량 사이를 요리조리 다니는 오토바이를 보았을 것이다. 여러분은 그것을 보고 어떤 생각이 드는가?

"아 저러면 안 되는데. 어, 어, 어!"

내가 운전자거나 길을 가다가 내 앞사람이 그렇게 하는 것을 보았다면, 경찰관이 단속업무를 하는 것을 보고 '에이, 다시는 무단으로 도로를 건너지 말아야지. 또는 횡단보도에서 신호위반을 하지 말아야지.'라고 생각해야지 '에이, 재수 없어. 오늘 기분 상했다!'라고 생각하면 최소한 다음에 단속에 걸릴 가능성이 높아진다.

앞의 경우와 같이 도로를 무단으로 건너거나 신호를 위반하여 가다가 경찰관의 단속에 걸린 시민들은 이유가 엄청 많다. 지금 엄청 바빠서 그랬다, 출근 시간 때문에 그랬다, 지금 회사 급한 일이 있어 그랬다, 등 가지가지 이유, 즉 핑계를 댄다. 속담에 '급할수록 천천히'라는 말이 있는데 사람들은 왜 그리 바쁜가? 그러면 '남들이 나쁜 길로 간다고 따라가는 것이랑 무엇이 다른가?' 하고 묻고 싶은 마음이 굴뚝같았는데 꾹 참았다. 가끔 생각할 때가 있다.

'그렇게 바쁘시면 조금 일찍 일어나서 천천히 여유 있게 다니면 되는데, 왜 그 핑계를 대는지.'

나도 20년 전 동료들과 같이 이야기하다가 이런 말을 한 적이 있었다. 아침에 일어나서 얼마나 바쁜지, 머리 감고 씻고 나오는데 아침에 헐레벌떡 일어나 여유도 없이 식사를 대충하고 출근하는 일이 반복되었다. 동료들과 이야기하는 중에 "머리를 저녁에 미리 감아두면 되는데!"라는 말에 '아 맞아 그러면 되겠네.'라고 생각이 들었다. 지금은 그때의 일을 기억해서 저녁에 미리 감고 출근시간을 아끼려고 한다.

요즈음 바쁜 현대인들은 아침에 일어나서 회사 출근하고 퇴근 후 운동은 고사하고 잠자기 바쁘다고 한다. 예전에 어떤 동료가 아침에 일어나서 퇴근 시간까지 목운동 한 번 안 하고 그냥 지내는 사람들이 많다고 한다. 그만큼 바쁜 현대인들의 고통을 모르는 것이 아니다. 그렇지만 아무리 바빠도 실을 바늘허리에 묶어 옷을 꿰매지 못하는 게 아닌가? 우리가 지킬 것은 지켜야 좋은 세상이 되지 않겠는가!

이런 일도 있었다. 원래 싸움 구경, 불구경이 모든 이의 관심거리인 것은 어느 나라에서나 마찬가지일 것이다. 자기만 생각하고 남을 생각하지 않고 음식점에서 소란을 피우는 사람들이 가끔 있었다. 출동하여 자초지종을 들어보면 술을 먹고 너무 큰소리를 낸다는 것이다. 음식점에서 다른 사람의 방해가 되어서는 안 된다고 설명해주었다. 술에 취해서 대화가 되지 않는다. 그 자리를 어떻게 모면하고자 큰소리로 말한다.

"경찰이면 다냐! 왜 뭐가 잘못했냐? ×발!"

자기보다 나이가 어리게 보이는 젊은 경찰관을 향해 "너는 부모도 없냐?"라며 적반하장으로 큰소리 쳤다. 지나가는 행인들이 무슨 큰 구경거리라도 있는 것처럼 경찰관과 큰소리 내는 사람의 행동을 구경거리로 삼는다. 경찰관이 욕을 하지 말라고 몇 차례 얘기하였음에도 불구하고 그 사람은 계속해서 "죽일 놈!" 하면서 입에 담지 못할 욕설을 하였다. 다른 사람들이 '경찰관에게 욕을 해도 괜찮구나.'라고 생각할 정도로 욕을 한다. "욕설을 하시면 안 됩니다."라고 몇 차례 이야기해도 막무가내다. 본인이 잘못을 한 사실을 알면서도 화가 난다는 이유로 계속했다. 그러다가 결국 욕설을 하고 소란을 피운 사람은 경찰관서로 갔다.

혹시 사고가 날 뻔한 경험을 한 적이 없는가?

여러분은 아무도 보지 않는다고 도로를 그냥 건넌 적은 없는가? 아니면 여러분 주위에 교통사고를 당했다는 얘기를 들어본 적은 없는가? 친한 친구, 친척, 형제, 지인이 무단으로 도로를 횡단하다가 사고를 당하였다든가, 당할 뻔 했다는 얘기를 들어본 적이 있을 것이다. 차도 많고 사람도 많다. 바쁜 현대인들은 시간을 조금이라도 아끼려고 남들보다 더 빨리 가려고 교통신호를 지키지 않고 가는 경우가 있다. 또 이를 단속하는 경찰관에게 자신의 행동은 생각하지 않고 기분 내키는 대로 행동하면 안 되는 것이다.

누구나 다 알고 있을 것이다. 교통범칙금은 무단 횡단의 경우 2만원도 있고 3만원도 있다. 또 자동차의 신호위반은 벌점도 있고 범칙금도 부과된다. 단속 경찰관에게 시비를 걸거나 공무원의 정당한 업무를 방해하면 공무집행방해가 된다는 사실을 알아야 하지 않을까?

전에 같은 동네에 살았던 구청 공무원이 이런 말을 한 적이 있었다. 주정차를 위반하신 분이 자기는 절대 5분을 초과하지 않았다고 이의신청을 하는 경우도 있다. 정당하게 5분을 초과하지 않았다면 이의신청을 받아주는데 구청 차량 단속의 영상은 위반 차량의 주정차 시간의 몇 초까지 영상이 있으므로 이의신청이 정당한지 자기 자신은 잘 알 것이다. 고사성어에 '소탐대실'이란 말이 있다. 자기 잘못을 알고 작은 것을 벗어나려고 오히려 독이 되게 하여 큰 것을 잃는다는 뜻인데, 그런 어리석은 일을 하지 않도록 주위에 있는 가족, 친척, 형제 지인들에게 이러한 일을 알려주는 것이 좋다. 또 법을 알고 있어야 내가 피해를 당하지 않을 수 있지 않은가?

도로교통법 제10조(도로의 횡단)

① 보행자는 제1항에 따른 횡단보도, 지하도, 육교나 그 밖의 도로 횡단시설이 설치되어 있는 도로에서는 그곳으로 횡단하여야 한다. 다만, 지하도나 육교 등의 도로 횡단시설을 이용할 수 없는 지체장애인의 경우에는 다른 교통에 방해가 되지 아니하는 방법으로 도로 횡단시설을 이용하지 아니하고 도로를 횡단할 수 있다.

(중략)

⑤ 보행자는 안전표지 등에 의하여 횡단이 금지되어 있는 도로의 부분에서는 그 도로를 횡단하여서는 아니 된다.

형법 제311조(모욕)

공연히 사람을 모욕한 자는 1년 이하의 징역이나 금고 또는 200만 원 이하의 벌금에 처한다.

COMMON
SENSE
OF LAW

2장

순간의 판단에
우리의 인생이
송두리째 달라진다

01

한 순간의 판단, 타인의 인생이 바뀐다

요즈음 교통체증으로 인하여 예전에는 영화에서나 볼 수 있던 일들이 일어나고 있다. 그것이 바로 개인용 이동 수단인 전동 휠, 전동 킥보드다. 그런데 많은 사람들은 전동 휠, 전동 킥보드가 면허가 있어야 하는지 없어도 되는지 잘 모르는 경우가 많다. 이들을 판매하는 곳에서도 면허가 있어야 되고 안전모를 써야 된다고 분명히 말해주었을 것이다. 또한 전동 휠, 전동 킥보드가 도로로 가야 하는데 사람들이 다니는 인도로 가거나 안전장구인 안전모를 착용하지 않고 다니다가 사고가 나면 어떻게 되는지 생각하지 않는 것이 대부분 사람들의 인식일 것이다.

내가 조카집인 아파트에서 길을 걸어가고 있는데 갑자기 사람이 휙 지나갔다. 30대 정도의 아빠와 6살 정도의 아들이 전동 킥보드를 같이 타고 있었다. 내리막길 아파트의 인도였는데 만약 속도가 나면 위험할 것 같았다. 만약 여러분의 아들, 딸들이 전동 킥보드를 사달라고 하면 어떻게 하겠는가? 학교 가는 길도 막히지 않고 또는 학원 가는 길이 빠른데 사달라고 조른다면 어떻게 하겠는가? 전동 킥보드를 사면 안전장구인 헬멧, 무릎 보호대, 팔 보호대 등 자신의 안전을 위해 전부 안전 장비를 구해야 나중에 사고 시 다칠 가능성이 덜한 것이다. 안전모를 쓰지 않고 사고가 났을 경우 머리를 다치는 경우가 있으므로 미리 미리 조심을 해야 하는 것이다.

그런데 사람들은 머리를 감았는데 머리가 헝클어진다는 이유로 쓰지 않는다. 또 안전모를 그냥 쓰기 싫어서 등 안전 불감증으로 인하여 남들이 쓰지 않으니까 나도 쓰지 않는다. 이런 사소한 생각으로 쓰지 않는데 문제는 아무 일이 없다가 사고가 난 뒤에 "그때 안전모 사둘 걸, 아니면 보험에 들어둘 걸."이라고 말한다. 이처럼 약간 표현이 이상하지만 귀신처럼 쓱 다가오는 경우가 전동 휠, 전동 킥보드일 것이다. 속도도 굉장히 빠르다. 문제는 전동 휠, 전동 킥보드가 도로로 가지 않고 인도를 가다가 사람을 다치게 한 경우이다.

많은 사람들이 편리하다는 이유로 자세히 알아보지도 않은 채 전동 휠, 전동 킥보드를 탄다. 인도로 주행하거나 안전모를 쓰지 않거나 자기만의 생각으로 빨리 간다고 생각하고 타는 것이다. 또 도로를 역주행으로 오는 등 심각한 교통안전에 대하여 모르는 경우가 너무 많은 것이 현실이다. 또 개인용 이동 수단인 전동 스쿠터, 청소하시는 분이 쓰시는 전동 수레, 우유 파는 판매원이 쓰시는 수레는 번호판이 없어 보험을 들어주지 않는다고 한다. 조금 전에 말했지만 이들 이동 수단으로 도로가 아닌 인도로 가다가 사고가 나면 크나큰 낭패를 볼 수 있는 것이다.

내 입장에서야 상대방이 조금 다친 것 같지만 어르신과 부딪혔을 경우를 생각해보아야 한다. 물론 사고가 미리 예상되어 있으면 미리 방지할 수 있지만 어디 사고가 예고하고 오는가? 불시에 찾아오는 것이 사고이니만큼 이런 것을 감안하여 도로로 주행하여야 한다. 또 어린 학생들이 호기심에 전동 킥보드나 전동 휠을 부모 몰래 또한 형제, 지인 것을 빌려 타는 경우도 있을 수 있다.

이런 일도 있었다. 청춘남녀가 모여 술을 먹다가 너무 많이 먹어 차가 다니는 도로에 앉아 있었다. 또 다른 여성이 술에 취하여 근처에 누워 있었다. 일행이 있는지를 물어보자 3명이서 같이 있었다고 하여 근처를 찾아보았다. 그 여성이 있는 곳에서 얼마 떨어지지 않은 곳 대략 100m 정도 떨어진 곳에 남녀분이 술에 취하여 주택가 계단 있는 곳에서 잠을 자고 있었다. 두 남녀를 깨워 집으로 갈 것을 요구하자 30대가량의 남성이 술에 취하여 전동 스쿠터를 가지고 가겠다고 하였다.

"지금은 술이 많이 취해서 가지고 가면 위험하세요. 끌고 가도 위험해요."

이렇게 말하자 그냥 근처에 세워두고 집으로 갔다. 만약 타고 갔다면 어떻게 되었을까 상상해보라. 술을 먹고 전동 킥보드 타고 가는 것은 안된다. 또한 평상시처럼 몸이 건전한 상태로 전동 스쿠터를 운전해도 바퀴와 안전장비를 감안하면 다른 자동차나 오토바이보다 훨씬 위험한 것이다. 술을 먹고 타고 가다가 다른 사람과 부딪힌다면 어떻게 되었을까? 나로 인해 다른 사람이 넘어지든가 뼈가 부러지는 등 많이 다치면 큰일인 것이다.

음주운전은 어떤가? 자신은 음주를 해도 잘 갈 수 있다고 생각하고 음주운전을 한다. 또 '지난번은 그곳에서 걸렸으니까 이번에는 다른 곳으로 가야지. 내일 출근하려면 힘드니까 차를 끌고 가야 된다.'라고 생각하고 차량을 몰고 가는 것이다. 대리 운전을 부르면 훨씬 편리하게 가는데 술 먹으면 왜 끌고 가는지 모르겠다. 현대사회가 발달되어 이제는 자기 개인

체력단련으로 자전거를 타는 사람들이 많아졌다. 자전거를 이용하여 전국 일주하는 분들도 있고 매일매일 자전거를 타면서 건강 증진 등 동호회 활동도 하면서 운동을 즐기는 사람들이 많다. 그러나 근처의 편의점 같은 곳에서 막걸리나 소주를 한잔 하고 자전거를 타는 사람들이 있다고 한다.

단순 음주인 경우에 신고가 접수되면 범칙금 고지서를 발부한다. 그러나 만약 다른 보행자와 사고가 났을 경우 아니면 자전거와 자전거가 서로 충돌한 경우 어떻게 될까? 한번 상상해보라. 한쪽은 술을 먹지 않고 상대방은 술을 먹어 사고가 났을 경우 어떤 법을 적용할까? 또 음주운전으로 인한 형사적 처벌은 어떻게 될까? 1회 음주 운전 시 500만 원 이상 1000만 원 이하 벌금, 2회 음주 운전 시 1,000만 원 이상 2,000만 원 이하 벌금이 나온다고 한다.

대리운전비가 아무리 비싸도 얼마 되는가, 서울 수도권에서 서울 지역 내는 25,000원 정도이고 많아봤자 35,000원이라는 것이다. 그럼 여러분은 어떤 선택을 할 것인가? 또한 술을 먹고 가다가 사고를 내면 형사책임은 물론 민사처분까지 생각하면 엄청난 경제적 피해를 입게 되는 것이다.

앞에 말한 것과 같이 개인용 이동 수단인 킥보드, 전동 수레 등은 번호판이 없고 의무보험가입대상차량도 아니므로 현행법상으로 도로교통법의 적용을 받고 있으므로 안전장구 없이 운행을 하면 단속대상이 되고 만약 음주운전 시 똑같이 적용되고 있고, 피해자의 보상을 가해자인 전동휠이나 전동 킥보드 운전자가 보상을 해주어야 하는 민사책임까지 지게 되는 것이다. 2020년 12월 10일에 개인형 이동장치 제도 개선 등으로 도로교통법이 공포, 시행되니 미리 알아놓으면 좋지 않을까? 자전거 음주운전은 사고 시 교통사고처리특례법이 적용되고 이에 대하여 형사책임은 물론 민사책임까지 지게 되는 경우이므로 절대 음주운전을 하지 않아야 된다. 또한 음주운전은 습관인 만큼 음주를 하면 반드시 대리운전을 불러서 안전하게 귀가해야 되지 않을까?

설마가 사람 잡는다

이런 일도 있었다. 30대 초반인 A씨는 회사원이었는데 술을 먹고 운전을 하고 가다가 아침 일찍부터 가게 앞에서 물건을 정리하는 사람을 발견하였지만 술에 취해 미처 작동할 수 없어 그만 피해자가 사망하는 일이 있었다. 피해자는 노모를 모시고 사는 사람이었는데 술을 먹은 사람으로 인하여 가정이 깨지게 되는 일이 벌어진 것이다. 당연히 술을 먹은 사람은 사망사고의 형사적 책임을 지게 되었고, 자기가 다니는 회사는 자동적으로 못 다니게 되고 본인도 자유롭지 못하는 상황이 1년 이상까지 갔다. 나중에 민사적으로 피해자의 가족과 합의를 했다는 얘기를 들었다. 일부 사람들이 이렇게 생각한다.

'나는 괜찮겠지?'
'여기서 조금만 가면 집이 얼마 되지 않는데 무슨 대리운전이야.'

혼자 판단하고 생각한 대로 하다가 크나큰 사고가 나고 그 뒤로는 감당하기 힘든 경제적, 육체적, 정신적 고통이 따른다. 음주운전으로 인해 피해를 당한 가족이 여러분이 아는 사람이라면, 아니면 형제 또는 친척이라면 어떤 생각이 드는가?

옛말에 '즐거움은 혼자 오고 나쁜 일은 겹쳐서 온다'는 말이 있다. 한순간의 잘못된 판단으로 인해 남의 인생을 망치는 것은 음주운전뿐만 아니다. 앞에서 얘기한 것처럼 전동 킥보드는 아무것도 아닌 것 같지만 인도로 주행하다가 학생이나 노인분들을 다치게 하면 형사책임은 물론 민사적 책임까지 지고 또 남의 인생을 망치게 된다. 그러므로 무엇이든 살 때 면허가 있어야 되는지, 보험 관계가 어떻게 되는지, 위반했을 경우 어떠한 책임이 있는지를 살펴보고 책임이 따르는 행위를 하지 않아야 되지 않을까?

도로교통법 제43조(무면허운전 등의 금지)

누구든지 제80조 규정에 따라 지방경찰청장으로부터 운전면허를 받지 아니하거나 운전면허의 효력이 정지된 경우에는 자동차 등(개인형 이동장치는 제외한다)을 운전하여서는 아니 된다.

도로교통법 제44조(술에 취한 상태에서의 운전 금지)

① 누구든지 술에 취한 상태에서 자동차등(「건설기계관리법」 제26조 제1항 단서에 따른 건설기계 외의 건설기계를 포함 한다. 이하 제45조. 제47조. 제93조 제1항 제1호로부터 제4호까지 및 제148조의2에서 같다), 노면전차 또는 자전거를 운전하여서는 아니 된다.

특정범죄 가중처벌 등에 관한 법률 제5조의11(위험운전 등 치사상)

② 음주 또는 약물의 영향으로 정상적인 운전이 곤란한 상태에서 자동차(원동기장치자전거를 포함한다)를 운전하여 사람을 상해에 이르게 한 사람은 1년 이상 15년 이하의 징역 또는 1천만 원 이상 3천만 원 이하의 벌금에 처하고, 사망에 이르게 한 사람은 무기 또는 3년 이상의 징역에 처한다.

02
성추행은 장소를 가리지 않고 일어난다

아무 곳에서나 일어날 수 있다

사람들의 출퇴근 시간이 거의 비슷하다. 아침 9시 출근해서 오후 6시 퇴근하는 것은 거의 직장인들은 비슷할 것이다. 교통수단도 자동차로 하는 사람도 있고 건강으로 운동도 겸하여 자전거로 하는 사람도 일부 있을 것이다. 가까운 거리이면 전동 킥보드 또는 거의 소수인 오토바이도 있을 수 있다. 그러나 대부분의 사람은 출퇴근을 지하철 또는 버스 같은 대중교통을 이용할 것이다. 출퇴근 시간에 지하철이나 버스를 탄 적이 있는가.

출퇴근이 비슷하니까 만원이다. 지금은 코로나로 재택근무를 하는 사람들도 있고 시간을 회사에서 조절을 해주는지 코로나 전보다는 조금 덜 붐비는 편이다. 많은 사람들이 이용하기 때문에 여름이면 땀도 나고 땀 냄새도 난다. 복잡하기 때문에 신체적으로 접촉되기 쉽고 성추행이 일어날 확률이 많아지는 것이다. 성추행이 이러한 공공장소인 지하철에서도 버스에서도 식당에서도 시장에서도 장소를 가리지 않고 일어난다. 또한 근무하는 사무실에서도 성추행이 일어난다는 이야기가 텔레비전이나 뉴스 등을 통해서 가끔씩 보도되기도 한다.

요즈음은 아파트나 시장, 학교, 놀이터 등에서 지방자치단체 및 아파트 자체적으로 사람들이 많이 모이는 장소에 각종 CCTV를 설치하여 이러한 피해를 방지하려고 많은 노력을 하고 있다. 어린 자녀들이 노는 놀이터에 안전하게 노는지도 보고 또 어떤 이상한 사람이 있으면 확인할 수 있어 안전하다는 주민들이 많은 편이다. 또 경찰서는 CCTV 설치를 적극적으로 권유하여 성추행이 일어나지 않도록 사전에 방지하고 있다. 문제는 이러한 CCTV가 없는 장소에서 일어나는 일들 때문에 많은 사람들이 불안해한다는 것이다.

이런 일도 있었다. B사장은 고깃집을 하고 있었다. B사장을 잘 알고 있는 A라는 사람이 평소에 고기집에 왔다 갔다 하면서 B사장과 얘기도 하고 B사장과 형, 동생 하며 지내는 사이였다. 어느 날 A가 혼자서 고기를 구워먹다가 식당 여종업원의 손을 만지면서 "잘 지내지?" 해서 "하지 마세요."라고 말했다. 그런데도 고기를 자르는데 "괜찮아." 하면서 손을 다시 만져 기분이 이상해서 "사장님!" 하고 고함을 치고 밖으로 나가서 신고를 했다. 피해자는 식당에서 더 이상 일을 할 수 없다는 것이다. 피해를 당한 사람은 엄청 당황하여 벌벌 떨고 있었다. 이렇듯 아는 분, 또는 직장상사에게 성추행을 당하는 일이 일어날 수 있다.

나도 피해자(Me Too)

인터넷 네이버에 검색해보면 사회관계망서비스(SNS)에 성범죄 피해사실을 밝히게 된 것이 얼마 되지 않았다. 2017년 10월 영화배우 알리사 밀라노의 제안으로 시작되었다고 한다. 피해 당사자들이 '나도 피해자(Me Too)'라는 해시태그를 달면서 알려지게 되었다고 한다. 이를 계기로 국내에서도 미투 운동이 일어났다. 이후 법조계, 문단계, 연극계 등 문화예술계, 정치계까지 번지면서 큰 파문을 일으켰다. 이처럼 성추행은 물론 성폭행까지 엄청난 일들이 벌어졌다. 국내는 물론이고 세계적으로 미투 운동이 일어나 밖으로 나온 것이다.

2020년 5월, 여성을 성추행한 A씨가 지하철을 탑승하다가 한 번, 탑승

직후 또 한 번 추행을 한 다음 고의가 아니었다고 주장했지만, 재판부는 현장 주변 CCTV에 A씨가 무릎을 꿇고 여성 B씨에게 사과하는 장면이 있었던 점, 피해자의 일관된 진술이 있었던 점, 범행 시각이 출근시간 이후인 오전 10시로 여유 시간이 있었던 점 등이 인정되어 성폭력 특별법 위반 혐의를 받는 A씨에게 벌금 300만 원과 성폭력 치료 프로그램 이수 등을 함께 명령했다.(참고자료: "성추행 아니라"던 남성, 무릎 꿇고 비는 장면 딱 찍혔다. 〈조선일보〉, 2020.5.28.)

직장인들은 회식을 하든가, 동호회 등 모임을 하면 술을 먹는다. 근무하면서 일어났던 일, 평소에 있었던 일 등 이야깃거리가 많다. 또 분위기가 무르익으면 '야자게임'도 한다. 평소 불만을 술을 먹으면서 농담 비슷하게 한다. 술만 먹으면 목소리가 커진다. 여기저기 술자리서 목소리들이 점점 더 커진다. 어느 테이블 할 것 없이 "여기 소주 한 병 더! 맥주 한 병 더!"라는 소리가 들린다. 술을 먹어 기분이 좋다며 2차를 간다. 아는 사람들이라 어쩔 수 없이 가는 경우도 있다. 예를 들어 노래방에서 노래를 부르는데 갑자기 뒤에서 껴안거나 춤추자면서 상대방의 신체 부분을 만진 경우, 여성이 분명히 거부 의사를 말했는데도 양손으로 어깨를 주무른 경우 등 기습적으로 추행하는 경우도 있다.

2020년 9월, 초등학생을 성폭행, 상해를 입힌 조두순이 12월 출소를 앞두고 경기도 안산이 술렁이고 있다고 한다. 시민들은 공원에 산책도 무서워서 못 하겠고, 집 밖에 나가는 것이 두렵다는 목소리가 있다. 법무부 산하 안산보호관찰소는 출소 후 조 씨의 재범 가능성을 낮추기 위해 1대 1 전자감독, 음주 제한 등 특별준수사항 등을 마련하고, 경찰·지자체와 공조하겠다는 계획이다. 또 감독 인력을 기본 2명에서 4명으로 늘릴 방침이다. 안산시도 방범용 CCTV 211대를 추가 설치하기로 했다.(참고자료: "조두순이 돌아온다… "딸 키우는데 어쩌나" 술렁이는 안산", 〈중앙일보〉, 2020.09.17.)

성추행은 자기 자신의 성적인 만족을 얻기 위한 행동이지만 피해를 당하는 상대방은 성적 수치심, 혐오감을 일으키는 정신적 고통, 육체적인 피해를 입게 된다. 마치 자기 잘못으로 피해를 입었다고 착각할 수도 있다. 여러분의 지인이 이러한 피해를 입었다고 가정해보라. 때와 장소를 가리지 않는 성추행이 성폭행으로 이어질 수도 있다고 생각하지 않는가?

성폭력범죄의 처벌 등에 관한 특례법

제11조(공중 밀집 장소에서의 추행)

대중교통수단, 공연·집회장소, 그 밖의 공중이 밀집하는 장소에서 사람을 추행한 자는 3년 이하의 징역 또는 3천만 원 이하의 벌금에 처한다.

제12조(성적 목적을 위한 다중 이용장소 침입행위)

자기의 성적 욕망을 만족시킬 목적으로 화장실, 목욕장 또는 발한실, 모유수유시설, 탈의실 등 불특정 다수가 이용하는 다중이용 장소에 침입하거나 같은 장소에서 퇴거의 요구를 받고 응하지 아니하는 사람은 1년 이하의 징역 또는 1천만 원 이하의 벌금에 처한다.

제13조(통신매체를 이용한 음란행위)

자기 또는 다른 사람의 성적 욕망을 유발하거나 만족시킬 목적으로 전화, 우편, 컴퓨터, 그 밖의 통신매체를 통하여 성적 수치심이나 혐오감을 일으키는 말, 음향, 글, 그림, 영상 또는 물건을 상대방에게 도달하게 한 사람은 2년 이하의 징역 또는 2천만 원 이하의 벌금에 처한다.

제14조(카메라 등을 이용한 촬영)

① 카메라나 그 밖의 이와 유사한 기능을 갖춘 기계장치를 이용하여 성적 욕망 또는 수치심을 유발할 수 있는 사람의 신체를 촬영대상자의 의사에 반하여 촬영한 자는 7년 이하의 징역 또는 5천만 원 이하의 벌금에 처한다.

형법 제297조(강간)

폭행 또는 협박으로 사람을 강간한 자는 3년 이상의 유기징역에 처한다.

형법 제297조의2(유사강간)

폭행 또는 협박으로 구강, 항문 등 신체(성기는 제외한다)의 내부에 성기를 넣거나 성기, 항문에 손가락 등 신체(성기는 제외한다)의 일부 또는 도구를 넣은 행위를 한 사람은 2년 이상의 유기징역에 처한다.

형법 제301조(강간 등 상해·치상)

제297조 내지 제300조 이 죄를 범한 자가 사람을 상해하거나 상해에 이르게 한 때에는 무기 또는 5년 이상의 징역에 처한다.

03

자동차보험에 반드시 가입해야 할까?

혹시 모를 위험에 대비해서 가입해야 되지 않을까?

자동차가 있는 사람이라면 사고에 대비해서 보험에 들어 있을 것이다. 사람들은 왜 보험에 드는 것일까, 보험에 들지 않았다면 어떻게 되는가, 궁금했을 것이다. 여러분은 보험에 대하여 어떻게 생각하는가? 자동차보험은 1년을 기점으로 해서 보험에 든다. 미래의 사고에 대비하여 들어놓는 것이다. 1년 안에 사고가 없으면 그것으로 없어진다. 아무 사고 없으면 좋은 것이다. 어찌 보면 사고가 안 나는데 '괜히 들었나?' 하고 의심을 하는 생각을 할 수도 있다. 자동차 사고가 나한테 늘 일어나는 것이 아니다. 단지 혹시 모를 위험에 대비해서 들어놓은 것이다.

어느 날 도로를 주행하다가 나는 잘 가고 있는데 반대편에서 오는 차량이 중앙선을 넘어 내가 가는 차량으로 오고 있다. 내가 피할 겨를도 없이 그 차에 부딪혔다, 112 순찰 차량이 왔다. 그런데 상대 차량 운전사가 무보험 차량이라는 것이다. 본인 차량은 보험을 생각해서 자기차량보험은 들지 않았다. 이럴 때 내 차량이 심하게 찌그러졌는데 상대방이 무보험 차량이라면 어떻게 해야 되는지, 내 보험 차량이 왔다. 상대방에게 민사 청구를 해야 한다는 것이다. 상대방은 특별한 직업도 없이 지금 혼자 지내고 있다고 한다. 심한 말로 '뚜껑이 열린다.'고 생각할 것이다.

여러분이 이러 사고를 당했다면 어떻게 하겠는가? 보험에 대하여 얼마나 알고 있는가? 보험료 때문에 괜히 자차보험을 들지 않아 혹시 불안하지 않았는가? 교통사고조사반에서 업무를 처리하다 보니 알게 되었다는 동료는 보험에 대하여 이렇게 설명해주었다. 보험은 책임보험은 대인보상과 대물보상이 있다. 대인은 최대 1억5천만 원, 대물은 최고 3천만 원까지 보상해주는데 의무적으로 가입해야 하는 강제보험이다. 만약 책임보험만 가입되어 있으면 1억8천만 원 외는 본인이 책임을 져야 한다는 것이다. 책임보험만 가입했는데 사망사고가 발생 시 엄청난 피해를 입게 된다.

그래서 종합보험을 가입해야 한다는 것이다. 잘못하면 집까지 팔아야 하는 상황이 되는 경우도 있을 수 있다.

종합보험은 대인배상, 대물배상, 자기신체사고, 자기차량손해, 무보험 자동차 상해가 있다. 종합보험은 대인배상1은 책임보험 대인배상이고, 대인배상2는 대인배상1을 초과하는 부분에 대하서 보상해준다고 설명해주었다. 종합보험에 들어 있어도 특약사항에 어떻게 넣었는가에 따라 달라진다고 한다. 무보험상해는 내가 다쳤는데 상대방이 보험이 없을 시 필요한지, 자동차상해는 내가 동승자와 같이 타고 가다가 상해가 일어났을 때 내 과실이 크면 자손보험으로 처리하면 되는지, 만약 상대방이 무보험이면 내가 들어 있는 보험으로 처리하고 보험회사에서 상대방에게 구상권이 청구할 수 있는지 보험을 계약할 때 자세히 물어보아야 하지 않을까?

오토바이와 차량이 사고가 났다. 경찰관이 사고 현장에서 사고 당시 운전자의 면허 상태, 번호판 유무, 보험에 들었는지 유무 확인, 오토바이 운전자가 면허는 있는데 번호판이 없으면 행정기관에 통보하여 처리한다. 그런데 의무보험이 없으면 1회는 통고처분(범칙금통고서) 10만 원 범칙금으로 처리하고 1회 이상일 경우는 경찰서에 형사 입건된다. 책임보험 기간이 넘었을 경우 하루라도 넘기면 법적인 처벌을 받는다.

사고는 예고 없이 온다

2015년 2월, 인천공항 고속도로 서울방향 영종대교 상부도로에서 승용차 100여 대가 충돌하는 사고가 발생해 2명이 사망하고 65명이 다쳤다. 이날 오전 영종도는 짙은 해무로 가시거리가 10m에 불과했다고 전했다. 경찰은 "짙은 해무 때문에 다중 추돌사고가 발생한 것 같다."라고 말했다. 이번 추돌사고가 운전자의 안전운전 의무위반과 함께 영종대교 관리주체인 신공항하이웨이가 안개에 따른 저시정 상황에서 적절한 안전 조치를 취했는지 여부에 대하여서도 수사할 예정라고 보도했다. 갑작스런 돌발사태에 대비해 안전거리가 무엇보다 중요한 것이다.(참고자료: "인천 영종대교 100중 추돌사고… 2명 사망, 65명 부상", 〈경향신문〉, 2015.02.11.)

이처럼 사고는 누구에게나 일어날 수 있다. 만약 나 때문에 일어난 사고가 피해 차량이 다른 차량을 받고 또 연쇄적으로 사고가 일어났다면 누가 상대 차량과 다른 사람들의 피해를 보상해야 하는가? 본인의 보험에서 해주는데 한도가 초과되었다면 어떻게 되는지, 지인이 사고로 집을 팔아야 하는 경우도 일어날 수 있다는 말을 들었다. 설마가 사람 잡는다는 말이 이 말이 아닌지. 자동차보험료를 아끼려다 큰 피해를 입을 수도 있는 것이고, 그것은 교통사고 피해를 당한 사람의 인생을 망치는 행위가 아닐까?

교통사고처리 특례법 제1조(목적)

이 법은 업무상과실 또는 중과실로 교통사고를 일으킨 운전자에 관한 형사 처분 등의 특례를 정함으로써 교통사고로 인한 피해의 신속한 회복을 촉진하고 국민생활의 편익을 증진함을 목적으로 한다.

교통사고처리 특례법 제3조(처벌의 특례)

① 차의 운전자가 교통사고로 인하여「형법」제268조의 죄를 범한 경우에는 5년 이하의 금고 또는 2천만 원 이하의 벌금에 처한다.

② 차의 교통으로 제1항의 죄 중 업무상과실치상죄 또는 중과실치상죄와「도로교통법」제151조의 죄를 범한 운전자에 대하여는 피해자의 명시적인 의사에 반하여 공소를 제기할 수 없다. 다만, 차의 운전자가 제1항의 죄 중 업무상과실치상죄 또는 중과실치상죄를 범하고도 피해자를 구호하는 등「도로교통법」제54조 제1항에 따른 조치를 하지 아니하고 도주하거나 피해자를 사고 장소로부터 옮겨 유기하고 도주한 경우, 같은 죄를 범하고「도로교통법」제44조 제2항을 위반하여 음주측정 요구에 따르지 아니한 경우(운전자가 체혈 측정을 요청하거나 동의한 경우는 제외한다)와 다음 각 호의 어느 하나에 해당하는 행위로 인하여 같은 죄를 범한 경우에는 그러하지 아니 한다.

자동차 손해배상 보장법(운행의 금지)

의무보험에 가입되어 있지 아니한 자동차는 도로에서 운행하여서는 아니 된다. 다만, 제5조 제4항에 따라 대통령령으로 정하는 자동차는 운행할 수 있다.

자동차 손해배상 보장법(벌칙)

② 다음 각 호의 어느 하나에 해당하는 자는 1년 이하의 징역 또는 1천만 원 이하의 벌금에 처한다.(중략)

2. 제8조 본문을 위반하여 의무보험에 가입되어 있지 아니한 자동차를 운행한 자동차보유자

도로교통법 제43조(무면허운전 등의 금지)

누구든지 제80조에 따라 지방경찰청장으로부터 운전면허를 받지 아니하거나 운전면허의 효력이 정지된 경우에는 자동차등(개인형 이동장치는 제외한다)을 운전하여서는 아니 된다.

도로교통법 제44조(술에 취한 상태에서의 운전금지)

① 누구든지 술에 취한 상태에서 자동차등(「건설기계관리법」제26조제1항 단서에 따른 건설기계 외의 건설기계를 포함한다. 이하 이 조, 제45조, 제47조, 제93조제1항 제1호부터 제4호까지 및 제148조2에서 같다), 노면전차 또는 자전거를 운전하여서는 아니 된다.

도로교통법 제45조(과로한 때의 운전 금지)

자동차 등(개인형 이동장치는 제외한다) 또는 노면전차의 운전자는 제44조에 따른 술에 취한 상태 외에 과로, 질병 또는 약물(마약, 대마 및 향정신성의약품과 그 밖에 행정안전부령으로 정하는 것을 말한다. 이하 같다)의 영향과 그 밖의 사유로 정상적으로 운전하지 못할 우려가 있는 상태에서 자동차등 또는 노면전차를 운전하여서는 아니 된다.

04

누구에게나 생길 수 있는 사건 사고들

내 입장과 상대방 입장은 다르다

사람은 저마다 생각이 다르다. 한날 한시에 나고 자란 쌍둥이들도 생각이 다르다고 한다. 다 자기 중심적으로 생각하기 때문일 것이다. 아무리 친한 친구 사이라도 그러할 것이다. 예를 들어 나는 친구가 좋아서 다 이해할 것이라고 생각해서 심한 말을 했다고 하자. 그러나 그것은 착각일수 있다. 왜냐하면 그것은 내 생각일 수 있기 때문이다. 만약 내가 친구에게 이해한다며 믿고 말했는데 이해하지 못한다면 어떨까? 10번 잘할 때는 사이가 좋았다가도 한 가지 잘못하면 틀어지는 게 번번이 사회생활에서 일어나는 일들이 아닐까?

전에 이런 경험을 했었다. 퇴근길에 지하철에서 나와서 집으로 가고 있는데 20대 초반의 젊은 학생같이 보이는 남자가 가방을 메고 뛰어오고 있었다. 내가 지나가는 곳에 횡단보도가 있어 직감으로 횡단보도를 건너려 할 것이라고 생각했다. 역시나 젊은 학생이 횡단보도를 향하여 열심히 뛰어오고 있었다. 내가 횡단보도의 시간을 보니까 횡단보도 신호등이 13초에서 12초로 바뀌어 가고 있었다. 젊은이가 횡단보도에 도착했을 때 12초를 알리면서 젊은이가 오기를 기다리는 것 같았다. 이때 승용차는 신호를 기다리고 있었다. 승용차의 입장에서는 횡단보도에 사람이 없으니까 횡단보도를 통해 우회전을 할 수 있는 상황이었다. 이렇듯 내 입장과 상대방 입장이 다르다는 것을 여러분도 느낄 것이다.

모든 사고는 순간이다. 내가 생각하는 것보다 빨리 사고가 일어난다. 나는 정상적으로 운행하였다고 하더라도 미처 뛰어오는 사람을 발견하지 못할 수 있다. 또한 상대방도 서 있는 자동차가 가지 않을 것이라 생각하고 횡단보도에 남을 시간이 없어서 뛰어가다가 순간적인 사고가 일어나는 것이다. 여러분이 운전을 할 때 이런 경험이 있었을 것이다. 횡단보도를 건너던 여러분도 이러한 경험을 하였을 것이다. 그래서 횡단보도에 파란색 신호등이 걸리면 마음속으로 하나, 둘, 셋, 넷, 다섯을 세고 건너고 가라는 말이 있었다. 혹시나 싶어 사고를 방지하려고 했던 것이 아닐까 싶다.

연인들이 사귈 때 헤어짐을 생각하고 만나는 사람은 아무도 없을 것이다. 서로가 사귈 때는 만나는 그 자체가 좋고 할 것이다. 금방 헤어졌는데 다시 보고 싶은 것이 연애의 감정이 아니겠는가. 처음에는 사이가 좋았지만 점점 단점이 보이기 시작하는 것이 인간이다. 속담에 열 길 물속 깊이는 알 수 있어도 사람 마음 깊이는 알 수 없다고 하지 않았는가? 사람 관계를 두부 자르듯이 자를 수 없지 않은가. 나는 좋아하는데 상대방이 싫어할 수 있다. 또 이와 반대로 나는 싫은데 상대방은 좋아할 수도 있다.

이런 일도 있었다. 청춘남녀가 사귀었다. 그런데 점점 사귀던 남자가 이상한 것을 느껴 헤어질 것을 말했는데 남자는 계속해서 자신이 진정으로 사랑한다고 하면서 집으로 찾아왔다. 법원에 접근금지신청도 하였는데 계속해서 자신의 뒤를 따라오는 것 같았다고 한다. 문 앞에 그 남자가 와 있어서 다시 경찰서에 신고도 하였는데도 여전히 불안하다고 하였다.

예를 들어 자신과는 아무 상관도 없는데 내가 하는 사업장에서 나를 좋아하는 사람이 있다면 어떻게 할 것인가? 나는 그저 직업적으로 상대했을 뿐인데 말이다. 친절은 누구에게나 좋은 것이 아닌가. 그런데 상대방이 그 친절을 오해해서 나를 좋아하는 것으로 착각하고 계속해서 온다면, 또 상대방이 자기를 좋아하는 것으로 생각해서 온다면 여러분은 어떤 마음이 들겠는가? 매일매일 오는 상대방에 대하여 좋지 않은 감정이 일어날 것이다. 어쩔 수 없이 직업상, 사업상 매일 보게 된다고 가정하면 스트레스가 장난이 아닐 것이다.

2020년 9월, 바둑학원을 운영하는 프로 바둑기사 조혜련 9단을 1년간 지속적으로 스토킹하고, 바둑학원 건물 안팎으로 비방하는 글과 욕설을 적어두거나 학원 앞에서 "조혜련 나와라!" 외치고 경찰에게 "내일 또 올 거야! 벌금 5만 원 끊어!"라며 3~4시간을 동네가 떠나가도록 고성과 욕설을 하였던 스토킹 가해자 조 모 씨(47)가 결국 모욕, 협박, 보복협박으로 구속되었다. 피해자인 조혜련 프로 바둑기사는 그 후 학원 수강생의 70%가 그만두었다고 한다. 또한 정신적·육체적으로 엄청난 피해를 입었다고 했었다.(참고자료: "직장서 난동부리더니… 경찰에게 "벌금 5만 원? 내일 또 올 거야", 〈서울신문〉, 2020. 9. 18.)

인간관계 어느 누구도 잘 알 수 없다

자기가 좋고 상대방이 좋아야 아무런 문제가 없다. 그런데 내가 좋다고 남에게 고통을 주는 스토킹 같은 행위를 여러분의 가족이나 지인, 친척이 해당될 수 있는 것이다. 누구에게나 생길 수 있는 일들이 우리 주변에서 일어나고 있는 것이다. 옷을 사도 이 옷이 좋을까, 저 옷이 나한테 어울리고 좋을까, 항상 선택의 기로에 있고 생각하게 된다. 인간관계가 복잡하고 때로는 단순하기도 하고 참으로 어느 누구도 잘 알 수 있는 것이 아니다.

요즈음은 코로나로 취업이 누구나 힘들다. 장사를 오랫동안 하던 사람들도 코로나 때문에 사람들이 밖으로 나오지 않고 있다. 그러니 장사하던 사람들은 하루하루가 고통이라고 한다. 사업을 접는 사람도 있다. 이러한 상황에서 사회 초년생, 고액 아르바이트생은 한 푼 두 푼 벌어보려고 노력한다. 그러나 거미줄을 쳐놓고 기다리는 범죄자들이 있다. 보이스피싱 일당들이다. 이들이 고액 아르바이트생에게 어디서 돈을 찾아오라고 하는 심부름을 시킨다. 평균 시급보다 월등히 높으면 의심을 해봐야 하지 않겠는가?

얼마 전 경찰관에게 보이스피싱을 한 일당이 잡힌 것이 있었다. 보이스피싱 일당이 경찰관에게 전화를 걸었던 것이다. 보도 내용은 돈을 안전하게 보관하려면 주차장에 차를 주차시키고 돈을 자동차 앞 바퀴 위에 올려놓으라고 했다. 경찰관이 잠복하여 승용차에서 돈을 꺼내려는 인출책을 검거하였다. 인출책은 동남아 사람이었다. 이처럼 점조직의 보이스피싱 일당들이 사람들을 범행 도구로 이용한다는 것이다.

　어떤 사고도 미리 알 수 없다. 교통법규를 스스로 지켜야 본인은 물론 다른 사람들의 안전도 지킬 수 있다. 서두르지 말고 옛말에 '급할수록 천천히'라는 말이 있지 않은가? 고액 아르바이트할 때 본인이 무슨 일을 하는지, 왜 다른 데보다 돈을 더 많이 주는지 한 번쯤은 생각해봐야 나도 피해를 입지 않고 다른 사람들에게도 피해를 주지 않는다. 잘 알지 못하는 행동 때문에 다른 사람은 엄청난 피해를 입는다는 사실을 알고 있는지. 사고는 누구에게든 생겨날 수 있는 일이 아닐까?

도로교통법 제19조(안전거리 확보 등)

① 모든 차의 운전자는 같은 방향으로 가고 있는 앞차의 뒤를 따르는 경우에는 앞차가 갑자기 정지하게 되는 경우 그 앞차와의 충돌을 피할 수 있는 필요한 거리를 확보하여야 한다.

② 자동차등의 운전자는 같은 방향으로 가고 있는 자전거운전자에 주의하여야 하며, 그 옆을 지날 때에는 자전거와의 충돌을 피할 수 있는 필요한 거리를 확보하여야 한다.

③ 모든 차의 운전자는 차의 진로를 변경하려는 경우에는 그 변경하려는 방향으로 오고 있는 다른 차의 정상적인 통행에 장애를 우려가 있을 때에는 진로를 변경하여서는 아니 된다.

④ 모든 차의 운전자는 위험방지를 위한 경우와 그 밖의 부득이한 경우가 아니면 운전하는 차를 갑자기 정지시키거나 속도를 줄이는 등의 급제동을 하여서는 아니 된다.

경범죄처벌법 제3조 제1항 제41호(지속적인 괴롭힘)

상대방의 명시적 의사에 반하여 지속적으로 접근을 시도하여 면회 또는 교제를 요구하거나 지켜보기, 따라다니기, 잠복하여 기다리기 등의 행위를 반복적으로 하는 경우

홧김에 고소장 내는 것을 삼가라

조그마한 일로 기분이 나빠진다

여러분이 옷을 입는데 첫 단추를 잘못 끼우게 되면 옷이 어떻게 되는가? 홧김에 이웃 간에 있었던 일은 한 번 더 생각해봐야 하지 않을까? 사람이 살다 보면 굴곡이 있지 않는가? 사업도 주식 그래프처럼 우상향하면 좋다는 것은 누구나 다 안다. 더 잘살아보려고 사업을 확장한다. 또 잘되리라 생각하고 모든 사업이든 장사든 오픈하고 하지 않는가? 세월이 가다 보면 옆 가게와 친해지고 술도 한잔 한다.

어쩌다 조그만 일로 기분이 나빠져서 서로 쳐다보게 되면 인사도 하지 않고 매일 보는 사람들이 인상을 찡그리고 본체만체하는 사람이 있다. 그러다가 어떤 계기로 인하여 서로 죽일 놈, 개××라고 욕설을 하고 심지어 화가 난다고 멱살을 잡고 밀치고 옷을 잡아당기고 남녀노소 싸움하는데 위아래가 없다.

그래도 분이 풀리지 않았는지 출동한 경찰관에게 그동안 있었던 얘기를 한다. 얼마나 많은 사연들이 많겠는가? 자초지종을 들어보고 난 뒤 경찰관이 서로를 화해시키려고 "서로 이해하시고 좋게 지내세요."라고 해도 화가 난 상태라 대화가 되지 않는다. 양쪽 입장을 들어보면 정말 아무것도 아닌 것을 가지고 "네가 잘못했다, 나는 잘못이 없다."라며 처벌을 해달라고 한다. 정말 텔레비전 광고처럼 난감하다고 생각하고 화해를 시도해도 안 되었다. 어떻게 해야 좋을까?

예전에 시장에는 이런 일도 있었다는 상인들의 이야기를 들었다. 시장에 비가 오는 날이면 천막이나 비닐로 덮어서 장사를 했었다. 옆 가게에서 자기 가게 쪽으로 빗방울이 떨어져 야채가 상하게 된다. 장사가 잘될 때는 괜찮지만 안 될 때는 "어이 김 씨, 빗물 안 떨어지게 잘해. 맨날 떨어져서 장사 못하게 하면 어떻게 해?"라는 사소한 말 한마디가 발단이 된다.

"내가 일부러 그랬냐?"

"네가 비닐 더 덮으면 되지!"

"뭣이 어째?"

"××놈이!"

멱살 잡고 난리가 난다. 시장 보러 온 사람들은 시장에서 볼일 보다가 싸움이 나니까 공짜구경인지라 사람들이 몰려든다. 옆 가게 사람들이 말렸다. 원래 말리면 더 심하게 싸우는 게 싸움하는 사람의 심리인가 더 싸운다. 남자들이 싸우기도 하고 남녀가 싸우기도 하고 화가 나면 동방예의지국이란 말이 필요 없다. 그냥 서로 쌍욕을 하면서 싸우다가 결국 주위 상인들이 말려서 그날은 끝났다. 곰곰이 생각해보니 안 되겠다 싶어 다시 신고하면 경찰관이 가서 화해를 서로 시키는데도 "안 된다. 목을 다쳤으니 진단서 끊고 고소하겠으니 처벌해달라."고 한다.

지금은 시장에도 전통시장 살리기 차원에서 지역 구청에서 재래시장 활성화를 위해 아케이드 공사로 깨끗하게 지붕을 높게 하고 빗물도 떨어지지 않게 잘해놓았다. 아련한 추억 속 시장은 어디론가 세월의 흐름 속으로 사라져갔다. 매일매일 보는 옆 가게 형님, 아니면 아주머니께 사소한 일로 서로 말도 안 하고 인상을 찡그리니 스트레스가 얼마나 많겠는가.

고소를 하면 시간을 내서 경찰서 가서 진술해야 된다. 상대방과 말이 맞지 않으면 사실 관계를 확인하고 대질하기 위해 또 경찰서 오라고 하면 가야 한다. 대질하고 나면 검찰에서 약식명령처분을 하든지 어떻게 처분해서 만약 벌금이 나왔다고 가정해보라. 가게 임대료도 내야 하지 생활비도 써야 한다. 그 벌금이 100만 원 나왔다고 하면 그제야 "아차, 내가 괜히 고집 부려서 에이!"라고 하면 벌써 기차는 떠난 것이다.

이렇듯 화가 난다고, 기분이 상했다고, 젊은 사람이 반말을 했다고 등등 이유는 여러 가지다. 이유는 한도 끝도 없이 많다. 그러니 경찰관이 말리고 화해를 시킬 때 끝내면 서로에게 좋다. 그런데 술을 먹어서 통제가 안되고 화난다고, 무시했다고, 괘씸해서, 분해서, 기분이 상했다고 화해하지 않는다. 그러지 말고 한 번 더 생각해보시라. 친절히 경찰관이 하는데도 "안 돼요. 저 ×× 사과하면 그냥 간다."라며 횡설수설하고 대화도 잘되지 않는다. 이런 일이 매일매일 벌어지는 바쁜 세상이 있는 것이다.

지는 것이 이기는 것이다

우리 어머니는 글도 모른다. 87세인데 그 당시에는 글을 모르는 사람들이 우리가 살고 있는 마을에는 많았다. 내가 초등학교 1학년 때라고 기억한다. 우리 집은 가난하여 나보다 9살 많은 큰누나는 초등학교만 마치고 돈 벌려고 고향을 떠나서 공장 일을 하러 나갔고, 5살 많은 작은누나가 6학년정도 되었을 때 어머니께 기역, 니은, 디귿, 가, 나, 다, 라를 쓰라고 했다. 어머니는 어려워 했는데 그 당시 어머니 이름과 쉬운 글자만 알고 어려운 글자는 몰랐다. 지금도 전기요금 고지서가 나오면 몰라서 근처에 사는 동생들이 오면 고지서 나왔다고만 하지 글을 모른다. 벌써 47년이 된 이야기가 된 것이다.

글도 모르는 그런 어머니는 우리 형제들이 바른 길로 가도록 가르쳤다. '지는 것이 이기는 것이다'라고 이야기했는데 그 당시 어머니는 무슨 뜻인지도 모르는데 남들 이야기 하는 것 듣고 그 말이 맞는 말이다 싶어 우리에게 말한 것이라 생각한다. 정작 본인은 글도 모르지만 우리 6남매 모두 바르게 살도록 삶에 대해 가르쳐주어 항상 고마움을 느낀다. 우리 어머니는 지금도 고향에서 혼자 살고 계신다.

얼마 전에 부동산에 들렀는데 부동산 사장님이 공부도 많이 하신 분이라 배울 점이 많아서 이것저것 물으면 친절히 답도 해주고 인생 경험담을 말해준다. 가끔 들러서 인사도 하고 차도 마시곤 하는데 어느 날 사장님 친구 두 사람과 사장님, 내가 대화하는 중에 A가 이야기를 하고 있는데 갑자기 B가 "그런 소리 하지 마라!"며 버럭 화를 내어 분위기가 이상하게 되었다. 그 순간 A가 B에게 가더니 "아이 형님, 기분이 나빴다면 사과합니다."라고 하자 금방 분위기가 확 바뀌었다. 나도 그 짧은 순간 많은 것을 배웠다. 그러면서 A가 "나는 잘못하면 금방 사과한다."라고 했다. 내가 보기에는 A는 잘못이 없었다. 그런데도 분위기와 자신의 안전을 위해 사과하자 금방 끝난 것이었다. 세상살이 이런 것을 돈 주고도 못 배울 것이다. 나 혼자 생각했다.

화를 다스리는 것은 참으로 어려운 일이다. 옛날 말에 3번을 참으면 살인도 면한다는 말이 있지 않은가? 살다 보면 세상살이가 다 내 마음 같지 않은 것이다. 옆집이나 윗집에서 발자국 소리나 아이들 뛰는 소리가 난다. 그때 서로 이해하고 아파트 바닥에 매트를 깔면 소리가 나지 않기도 한다. 가끔 층간소음으로 이해하지 못하고 폭행사건이 일어나거나 심지어 돌이킬 수 없는 끔찍한 일들이 일어난다. 한 번 더 참고 또 꾹 참으면 다 잘되지 않을까?

형사소송법 제223조(고소권자)

범죄로 인한 피해자는 고소할 수 있다.

형사소송법 제224조(고소의 제한)

자기 또는 배우자의 직계존속을 고소하지 못한다.

형사소송법 제225조(비피해자인 고소권자)

① 피해자의 법정대리인은 독립하여 고소할 수 있다.

② 피해자가 사망한 때에는 그 배우자, 직계친족 또는 형제자매는 고소할 수 있다. 단, 피해자의 명시한 의사에 반하지 못한다.

형사소송법 제232조(고소의 취소)

① 고소는 제1심 판결 선고 전까지 취소할 수 있다.

② 고소를 취소한 자는 다시 고소하지 못한다.

③ 피해자의 명시한 의사에 반하여 죄를 논할 수 없는 사건에 있어서 처벌을 희망하는 의사표시의 철회에 관하여도 전2항의 규정을 준용한다.

형사소송법 제236조(대리고소)

고소 또는 그 취소는 대리인으로 하여금 하게 할 수 있다.

형사소송법 제237조(고소, 고발의 방식)

① 고소 또는 고발은 서면 또는 구술로써 검사 또는 사법경찰관에게 하여야 한다.

② 검사 또는 사법경찰관이 구술에 의한 고소 또는 고발을 받은 때에는 조서를 작성하여야 한다.

06

허락 없이 신체를 찍으면 처벌 대상이다

찰칵 소리가 나면 어떤 기분이 드는가?

태양이 이글이글 찌는 여름에는 물놀이가 최고라고 생각한다. 친구들과 아니면 연인과 바닷가에 간다. 수영복 입고 바닷물에 몸을 담구니 세상 부러울 것 없다. 파라솔 아래에서 시원한 아이스크림과 과자를 먹는다. 그동안의 스트레스가 싸악 풀리는 기분이다. 이래서 바다를 찾는 것 같다고 생각한다. 나뿐만 이런 생각을 하는 것이 아니다. 바닷가로 오는 여행객 대부분이 그럴 것이다. 어린아이를 데리고 온 부부도 보인다. 할아버지, 할머니를 모시고 가족들이 온 사람도 있다. 속으로는 나는 저런 적이 없는데 하면서 부러움을 느낀다. 젊은 연인들이 온 사람도 보인다. 혼자 있는 사람도 보인다. 파라솔 아래에서 핸드폰을 만지작거리는 사람이 있다. 왠지 모르게 신경이 쓰인다.

지하철에 출근할 때나 퇴근할 때 사람들을 본다. 대다수 사람들이 핸드폰을 열심히 만지고 있다. 다들 뭘 할까? 궁금하다. 가끔 목 운동을 하다가 옆에 있는 사람이 뭐하는지 볼 수 있다. 카톡을 하는 사람도 있다. 바둑을 두는 사람도 있고, 무슨 게임 같은 것을 하는 사람도 있다. 메일을 검색하는 사람도 있다, 핸드폰으로 텔레비전을 보는 사람도 있다. 나이가 있는 분인데 주식을 보는 사람도 가끔 보인다. 핸드폰으로 책을 읽는 사람도 볼 수 있다. 만화를 보는 사람도 있다. 각기 취미가 다르고 생활 방식이 다르다 보니 어쩔 수 없지 않은가. 또 핸드폰으로 대화를 하다가 자기 모습을 찍는 사람도 있다. '찰칵' 하고 소리가 난다. 혹시 여러분은 이런 것을 본 적이 있는가? 찰칵 소리에 옆에 있던 사람은 물론 주위에서 보게 된다.

예전에는 공원이나 여행을 가게 되면 카메라를 들고 다녔다. 아름다운 풍경을 찍기도 했다. 또 추억을 남기려고 다른 사람에게 사진을 찍어달라고 부탁을 했다. 지금은 사진을 찍는 전문가들만 거의 카메라를 들고 다닌다. 거의 대부분이 핸드폰으로 여행지를 찍거나 추억을 남긴다. 식당에 가서도 맛있는 음식이 나오면 먹기 전에 찍는다. 찍어서 친구들이나 지인들에게 사진을 보내기도 한다. 나름대로 이유가 있어 흔적을 핸드폰으로 남긴다. 가끔 동창회에 가도 친구들과 추억을 남긴다. 개인 블로그에도 핸드폰으로 찍은 아름다운 추억을 올리고 있다. 핸드폰은 현대를 살아가는 사람의 필수품이 되었다. 핸드폰이 없는 세상을 상상한 적이 있는가?

습관은 누구에게나 있다

현대인들이 얼마나 바쁘게 사는가? 지하철 출퇴근 시, 버스를 타고 가다가도, 승용차로 운전을 하다가도 핸드폰을 본다. 이것뿐인가? 병원에서 차례를 기다리다가도, 은행에서 순서를 기다리다가도, 심지어 횡단보도를 건너다가도 핸드폰을 보면서 건너는 것을 볼 수 있다. 지하철 계단을 걸어가다가도 본다. 에스컬레이터에서도 보면서 가는 사람을 볼 수 있다. 엘리베이터를 탔을 경우도 혼자서 열심히 핸드폰을 본다. 나름대로 핸드폰에 저장된 사진을 보면서 지난 추억에 잠기곤 한다. 핸드폰을 보면 이동하는 시간에 지루함을 보내기 좋다. 알고 지내는 사람들이 보내준 메일이나 사진을 보면서 힐링도 한다. 짓궂은 친구들이 보내온 사진을 보면서 히득히득 웃기도 한다.

누구나 습관이 있다. 밥을 일정한 시간에 먹는 것도 습관이다. 커피도 먹다가 안 먹으면 괜히 이상한 기분이 들 때도 있다. 거의 무의식으로 반복되는 생활을 누구나 하고 있다고 생각한다. 나 자신도 심심하면 핸드폰을 들고 이것저것 보기도 한다. 음악을 들을 때도 있고 메일 같은 것을 볼때도 있다. 초등학교 밴드를 보면 옛 추억에 잠기기도 한다. 이것뿐인가? 각종 광고가 소리를 내지 않고 슬그머니 와 있다. 또 가끔 경조사 소식도있다. 우리 몸이 잠시 쉬는 틈을 주지 않고 뭐든지 온다. 내가 오지 말래도 오는 것이 있다. 때로는 쉬는데 전화가 온다. 안 받을 수도 없고 받았는데 "××구청인데요. 재난지원금…" 소리가 나오자 보이스피싱으로 알고그냥 끊어버렸다. 내가 사는 곳과 다른 구청이라고 했기 때문이기도 하고, 또 전화 오는 것은 믿지 않기 때문이다. 내가 자식들에게 가끔 말한다.

"남의 사진 찍으면 큰일 난다."
"보이스피싱으로 이상한 전화가 온다."
"'경찰청, 검찰청, 국세청 직원'이라고 하고 전화 오면 조심해."

그러면 아들들이 이렇게 말한다.

"또 잔소리네, 그만해."

우리 집만 그런 것인가? 혹시 여러분의 자녀들도, 동생들도, 조카들도 그런가? 아이들은 자신들이 다 안다고 생각한다.

2020년 9월, 여성의 나체 사진을 소셜미디어(SNS)에 게시한 20대 남성 A씨는 실형을 선고받았었다. A씨는 지난해 8월 B(20,여)씨의 나체 사진을 B씨의 동의 없이 불특정 다수의 사람이 볼 수 있는 SNS에 게시한 혐의로 재판에 넘겨졌다. 또 올해 2월 두 차례에 B씨의 나체 사진 등을 유포할 수 있다고 협박한 혐의도 받고 있다.(참고자료: "여성 나체 사진 SNS에 게시한 20대 징역형", 〈조선일보〉, 2020.9.21.)

지하철이나 버스, 공원이나 길거리 등에서 내 얼굴을 찍었다면 어떻게 될까. 핸드폰 카메라가 소리가 나서 찍는 사람에게 '왜 찍었는지' 지워달라든지, 처벌해야 한다든지 어떤 조치를 해야 하지 않을까? 모르는 사람이 내 얼굴을 찍으면 기분이 나쁜 것은 누구나 마찬가지일 것이다. '초상권 침해가 아닌가, 어떻게 해야 하지?'라고 생각할 것이다. 또 여름철이라 내가 좋아서 미니스커트를 입었는데 다른 사람이 찍는 것 같았다. 기분이 몹시 상하고 화가 나고 수치심이 들었다. '친구들이나 지인들이 함께 있었다면 괜찮은데 혼자라면 용기를 내서 찍는 사람에게 어떻게 하겠는데.' 하고 고민을 할 것이다.

만약 사람들이 이용하는 지하철이나 공원, 거리 등에서 모르는 사람이 나의 얼굴을 찍었다면, 아니면 내가 입고 있는 모습을 찍혔다면, 내 사진이나 지인의 사진이 인터넷이나 다른 곳에 돌아다닌다고 가정하면, 만일 여러분이라면 어떻게 하겠는가? 허락 없이 타인의 얼굴을 찍거나 신체 부위를 찍으면 처벌받는다는 사실을 알고 있는지, 피해자는 엄청난 고통을 당한다. 한 번 더 생각해서 사진을 찍어야 한다. 혹시라도 피해당한 사람의 입장을 생각을 해봐야 되지 않을까?

헌법 제10조

모든 국민은 인간으로서 존엄과 가치를 가지며, 행복을 추구할 권리를 가진다. 국가는 개인이 가지는 불가침의 기본적 인권을 확보하고 이를 보장할 의무를 진다.

헌법 제17조

모든 국민은 사생활의 비밀과 자유를 침해받지 아니한다.

성폭력범죄의 처벌 등에 관한 특례법 제14조(카메라 등을 이용한 촬영)

① 카메라나 그 밖에 이와 유사한 기능을 갖춘 기계장치를 이용하여 성적 욕망 또는 수치심을 유발할 수 있는 사람의 신체를 촬영대상자의 의사에 반하여 촬영한 자는 7년 이하의 징역 또는 5천만 원 이하의 벌금에 처한다.

② 제1항에 따른 촬영물 또는 복제물(복제물의 복제물을 포함한다. 이하 이 조에서 같다)을 반포 · 판매 · 임대 · 제공 또는 공공연하게 전시 · 상영(이하"반포등"이라 한다)한 자 또는 제1항의 촬영이 촬영 당시에는 촬영대상자의 의사에 반하지 아니한 경우(자신의 신체를 직접 촬영한 경우를 포함한다)에도 그 촬영물 또는 복제물을 촬영대상자의 의사에 반하여 반포 등을 한 자는 7년 이하의 징역 또는 5천만 원 이하의 벌금에 처한다.

③ 영리를 목적으로 촬영대상자의 의사에 반하여 「정보통신망 이용촉진 및 정보보호 등에 관한 법률」제2조 제1항 제1호의 정보통신망(이하 "정보통신망"이라 한다)을 이용하여 제2항의 죄를 범한 자는 3년 이상의 유기징역에 처한다.

왜 나한테 이런 일이 생겼을까?

사람은 자기 기준으로 생각하고 본다

사람들이 사이가 좋을 때는 형님, 동생, 언니, 오빠, 자기, 사장님, 후배님 등 호칭을 하며 잘 지낸다. 그러다가 조그만 일이나 행동으로 서로 틀어진다. 그때부터 그 사이좋던 사람들의 호칭이 욕설로 변장을 한다. 개××, 씨××, 미친×, 어디 그뿐이랴? 술을 먹으면 그 착한 사람도 지킬박사와 하이드처럼 변한다. 평소 힘이 별로 없던 사람도 만화의 주인공처럼 힘이 어디서 불쑥 솟았는지 힘도 세진다. 목소리의 볼륨이 일제히 커진다. 세상에 두려울 게 없어지는 모양이다. 세상이 자기 아래에 있어 보이는 모양이다. 옛날 말에 간이 커지는 모양이다. 아무렇게 행동을 하고 다른 사람들의 행동이 이상하게 보인다. 술을 먹지 않아도 코로나로 세상이 시끄러운데 마스크 쓰시라고 했다는 이유로 다른 사람을 폭행하는 일들이 일어났다.

이유 없는 행동이 있을까? 자기 기준으로 보기 때문이 아닌가 한다. 괜히 기분이 나쁘다는 이유로, 쳐다보았다는 이유로, 술을 먹었다는 이유로, 나보다 잘났다는 이유로, 무시한다는 이유로, 시간이 늦었다는 이유로, 따진다는 이유로, 하루 종일 해도 다 못하게 이유가 많이 있을 것이다. 사람들이 초스피드 시대에 살고 있다. 뭐 그리 바쁜지, 핸드폰이 사람의 눈에서 떨어지지 않으려고 애를 쓰는 것 같다. 시간만 나면 켜서 본다. 지하철이든 버스에서든 횡단보도에서든 백화점에서든 지하상가에서든 지나가는 인도에서든 가릴 것 없이 바빠서 옆이나 앞을 쳐다볼 시간이 없는 모양이다. 그러다 다른 사람들과 부딪혀 핸드폰이 그만 벗어난다. '어이쿠'하며 핸드폰이 소리를 지르며 땅바닥에 떨어진다. 핸드폰이 깨졌다. 액정이 나갔다. 당신이 잘못했으니까 물어내라, 뭐 내가 잘못했느냐, 당신이 내가 가는 길로 오지 않았느냐 옥신각신 싸움이 되는 것이다.

이런 일도 있었다. 술을 먹은 사람이 어떤 이유로 다쳐서 병원에 왔다.

이것저것 물어본다. 어떻게 다쳤는지, 지금 얼마나 아픈 곳이 어딘지, 뭐 하다 그랬는지, 눈을 떠보라면서 말도 시킨다. 병원도 접수창구에서 접수하고 기다려야 한다. 그런데 일부 사람들이 생떼를 부리는 것도 보았다.

"계속해서 아픈데요. 왜 빨리 치료를 안 해줘요?"
"수술이 잘못되었다!"

병원이 떠나갈 듯이 고함을 지른다. 응급실이라는 곳이 응급해서 다들 와 있는 곳이다. 빨리 치료받지 않으려는 사람이 어디 있겠는가? 자기 생각만 하고 일을 저지른다. 의사 선생님은 사람의 생명을 다루는 일을 한다. 그런데 술을 먹은 환자가 갑자기 의사의 얼굴을 때리는 돌발행동을 한다. 다른 사람들의 아픈 곳을 치료해야 하는데 말이다. 그 의사가 일가친척, 형제이면 그렇게 할까? 아니면 아픈 환자가 내 가족, 형제, 지인이라면 그러한 행동을 했을까? 그 한 사람의 난동으로 분, 초를 애타게 기다리는 환자는 생명이 왔다 갔다 하는 경우도 있다.

누구나 술이 깨면 나름대로 미안함이나 어제의 일이 잘못되었다고 느낀다. 다시는 술 먹지 않는다며 스스로 다짐한다. 그러나 엎지른 물을 담으려고 애를 써봐야 소용이 없는 것이다. 일이 벌어져서 다른 사람이 다치고, 아침에 출근해야 하는데 경찰서이다. 난감한 것이다. 실타래가 엉켜 있으면 시간이 되어도 풀리지 않는다. 일을 차근차근 풀어나가야 하는데 급하다고 함부로 할 수는 없는 것 아닌가? 벌어진 일들을 수습하려고 이리 뛰고 저리 뛰어야 한다. 한순간의 판단이 이렇게 힘들 줄이야. 그제야 뉘우치는 사람이 있다. 전화통에서 불이 날 정도로 뜨거워진다. 술을 먹지 않았으면, 조금 참고 있었으면, 남이 하는 이야기를 끝까지 들어주었으면 하고 이런 일들이 벌어지지 않았을 것이다. 후회가 된다. 빨리 이 상황에서 벗어나고 싶어진다. '아, 내가 왜 그랬지?' 하고 혼자 생각하는 것이다. 술뿐이겠는가. 욕심 때문에 일어나는 일도 많다.

사고의 변수는 무수히 많다

지나가는 차들을 신호등이 걸려 있을 때 관심 있게 보라. 가까운 거리는 1t 화물차 등은 그물망이나 안전하게 덮개를 하지 않고 간다. 주류 차량, 폐기물 차량, 유리·창호관련 차량, 소규모 공사 차량, 과일 장사 차량 등 가까운 거리를 갈수록 덮개가 없다. 차량에서 떨어지는 것이 무게가 있고 없고 가볍고 무겁고 등이 상관없다. 사고의 변수가 무수히 많다. 앞 택시의 손님이 가다가 "여기 세워주세요."라고 하면 갑자기 택시가 멈춘다. 뒤 따르던 1t 화물차가 있다고 가정하자. 화물차가 급정거한다. 순간 화물차에 실린 짐들이 앞으로 쏠리거나 코너를 회전할 때 한쪽으로 쏠린다. 공사 차량이면 공사도구들, 집기들, 페인트, 청소도구 등, 주류 차량이면 소주병, 맥주병들이 바닥으로 쏟아진다. 만약 화물차에 뒤따르던 오토바이가 바닥에 떨어진 물건들에 의해 크게 다쳤다면 어떻게 되겠는가? 언젠가 고속도로에서 반대편에서 물체(판스프링)가 날아와 승용차의 조수석 사람이 크게 다쳤다는 보도도 있었다.

나라마다 문화적 차이가 있다. 우리는 익숙해서 김치가 맛있다. 그러나 외국 사람들은 김치가 이상한 냄새가 난다고 한다. 당연히 발효가 되므로 이상했을 것이다. 우리가 외국 가면 그 나라 음식이 입에 맞지 않는다고 잘 못 먹는다. 똑같은 이치가 아닐까? 어떻게 보면 기준이 사람마다 달라서 그런 것이 아닌지.

곡식이 잘 자라려면 물도 필요하고 영양분인 퇴비와 햇빛, 바람 모든 것이 필요하다. 사람은 어떠한가? 어릴 적 어머니 배 속에서 나와서 기어 다니다가 일어선다. 일어서서 걷다가 뛰고 하면서 커가는 것이다. 부모님이 애지중지 키우고 학원 보내고 학교 보내고 해서 우리가 있는 것이다. 그런데 화가 난다는 이유로, 어떤 이유로든 분노를 표출한다. 화를 내면 순간의 본인 화는 풀리겠지만 뒤에 엄청난 결과가 뒤따른다. 그 분노가 일파만파 다른 사람들에게 미친다. 당신을 어느 순간부터 피할 것이다. 그 순간의 일로 자기는 물론 다른 사람의 일을 망치든가 아니면 그보다 더 큰 손해나 말로 표현하기 힘든 일이 벌어질 수 있다. 정신적 · 육체적 · 경제적으로 많은 것들이 일어나는 것이다.

2020년 9월, A씨는 편의점 본사가 실시한 사생대회 공모전에 딸의 작품을 맡겼는데 배달 과정에서 딸의 그림이 분실된 것이 시비가 되었다. A씨는 편의점이 고의로 빠뜨렸다며 수차례 언쟁을 벌였고, 편의점에 담배를 사러갔는데 점주가 거절해서 A씨는 자신을 무시한 것 같다며 차량을 몰고 편의점에 난입하여 전진과 후진을 10분간 하였다. 경찰이 수차례 경고했으나 멈추지 않아 공포탄을 발사하여 현행범인으로 체포하여 구속영장을 신청하였다. 사람들이 화난다고 다 분노를 표출하지 않는다는 것을 먼저 알아야 된다고 본다.(참고자료: "분노조절장애 여성, 車몰고 편의점 난입 10분간 행패", 〈조선일보〉, 2020.09.17.)

사소한 것으로 화를 내고, 행패를 부린다. 술을 먹지 않았다면, 순간적인 화를 내지 않았다면 그랬을까, 누구나 다 기분이 나쁘다고 다 그런 행동을 하지 않는다. 또 대형 화물차 운전자의 경우 '설마, 떨어지겠어. 가까운 거리인데 뭐, 매일매일 이렇게 하는데 별 이상 있겠어.'라고 생각한다. 그러다가 엄청난 결과가 일어나고 나중에 후회해봐야 소용이 없다는 것을 뒤늦게 알게 된다. '왜 나한테 이런 일이 생길까?'라고 생각할 것이 아니라, 처음부터 그러한 생각을 하지 말아야 되는 것이 아닐까 싶은데 여러분 생각은 어떠한가?

도로교통법 제19조(안전거리 확보 등)

① 모든 차의 운전자는 같은 방향으로 가고 있는 앞차의 뒤를 따르는 경우에는 앞차가 갑자기 정지하게 되는 경우 그 앞차와의 충돌을 피할 수 있는 거리를 확보하여야 한다.

② 자동차 등의 운전자는 같은 방향으로 가고 있는 자전거 등의 운전자에 주의하여야 하며, 그 옆을 지날 때에는 자전거등과의 충돌을 피할 수 있는 필요한 거리를 확보하여야 한다.

③ 모든 차의 운전자는 차의 진로를 변경하려는 경우에 그 변경하려는 방향으로 오고 있는 다른 차의 정상적인 통행에 장애를 줄 우려가 있을 때에는 진로를 변경하여서는 아니 된다.

④ 모든 차의 운전자는 위험방지를 위한 경우와 그 밖의 부득이한 경우가 아니면 운전하는 차를 갑자기 정시시키거나 속도를 줄이는 등의 급제동을 하여서는 아니 된다.

08

인터넷 SNS 댓글도 범죄가 될 수 있다

인터넷 댓글 함부로 쓰다가 큰일 날 수 있다

지금 현대사회는 인터넷 홍수시대이다. 무엇을 알아보려면 집에서 컴퓨터나 핸드폰으로 자기가 알고 싶어 하는 내용을 검색을 하면 되는 시대에 살고 있는 것이다. 2개월 후 여행을 가고 싶은데 잠자는 곳은 어디를 해야 할까? 가족끼리 가는데 펜션이 좋을까, 아니면 호텔이 좋을까, 국내가 좋을까, 해외가 좋을까, 다들 여러 가지 고민을 하게 될 것이다. 그곳에 가서 어떤 코스로 갈지, 패키지로 갈지, 아니면 자유롭게 여행을 할지, 많은 고민과 여행 설계를 보다 알차고 재미있게 보내기 위해 상상도 해보고 인터넷 쇼핑으로 검색을 하게 된다. 또 패키지로 간다면 음식을 같이 먹어야 되니까, 내가 선택할 수 있는 부분도 있고 선택할 수 없는 부분도 있을 것이다. 물론 후자가 패키지는 많을 것이다. 그런데 개인적으로 가면 국내면 흔히 접할 수 있는 음식이지만 해외면 음식과 기후 등이 많이 달라서 잘못 선택을 하면 음식이 입에 맞지 않아 낭패를 보는 경우도 있으니까 사람들이 맛집과 먹을 것을 미리 검색하고 먹는 경우가 많다고 한다.

어쩌다 모임에서 같이 모여 "무엇을 먹을까?"라고 얘기해본 적이 있을 것이다. 5~6명만 되어도 각기 먹는 음식이 달라서 중국 요리로 하자고 했는데 각기 물어보면 다 다르다. 어떤 사람은 짜장면, 어떤 사람은 짬뽕, 또 다른 사람은 볶음밥, 또 다른 사람은 나는 짬짜면, 각기 다른 경우가 많다. 식당에 갔으면 금방 나와서 괜찮으나 만약 배달을 시켰다면 어떤 면은 불어터져 맛이 없는 경우 '에이 괜히 이것 시켰네, 나도 짜장면 먹을 걸.' 하고 먹는 순간에 남이 먹는 것이 맛있게 보이는 게 사람이다.

이런 경우가 있다. 모처럼 일요일이 쉬는 날이고 해서 강화도에 지인이 살고 있는데 자기 집 근처 뒤가 산이라 산책을 하면서 영지버섯도 있다고 하여 오후 3시쯤 도착하여 야산에 올라갔다. 영지버섯은 보이지 않고 산

초열매만 보고 왔는데 바람도 불지 않고 혹시나 반팔을 입지 않고 긴팔을 입었는데 엄청 더웠다. 물론 산에서 맑은 공기와 숲을 보니 마음이 너무 좋았다. 처형도 콩팥 수술을 해서 빨리 다닐 수 없었고, 아내는 10년 전 위암 수술을 하여 그냥 걷고 얘기하는 자체가 좋았다. 산에 왜 그리 모기가 많은지 모기 물린 곳이 부어 있는 것 빼고는 다 좋았다.

저녁 7시쯤 지인에게 간다고 하자 일요일이라 차가 많이 막힌다고 하여 그래도 지인의 집에 있는 것은 불편하여 인사를 하고 나왔다. 강화대교 가는 곳 48번 국도가 많이 막혀 농협 부근의 풍물시장에서 저녁이나 먹고 가면 차가 막히지 않을 것이라고 생각하고 2층 시장에 갔는데 "여기 좋아요, 이리오세요." 하며 사장님들이 나서서 들어오라고 하는데 셋이서 순간 망설여졌다.

"어느 식당으로 가지?"
"뭐 먹고 싶어?"
"처형, 뭐 먹을까요?"

다들 아무것이나 괜찮다고 하는데 아무것은 먹을 수 없어 사람들이 많은 식당으로 들어가 밴댕이구이를 먹고 나왔는데 맛이 좋았다. 강화순무에 물김치, 밥 한 그릇 후딱 해치우고 집으로 오는 도중 차가 막혀서 기분이 상한 것 빼곤 오면서 이런저런 이야기 나누니 좋았다.

여행 갔다 온 것을 사진으로 남겨 추억을 간직하는 사람들이 많다. 맛있는 음식을 시켜 음식이 나오면 먹기 전에 사진을 찍어 추억과 맛과 대화를 즐기는 사람들이 부쩍 많아진 것 같다. 음식을 먹고 난 후 인터넷 정보시대라 여행 갔다 온 것을 올리기도 한다. 기분이 좋지 않아 블로그나 인터넷에 갔다 왔던 곳에 대한 댓글이나 후기를 올려서 그것으로 인하여 상대방인 음식점이나 여행지의 호텔이나 숙소 등이 영업이 되지 않는다고 한다. 영업주나 식당 사장이 만약 여러분에게 어떤 조치를 하였을 경우에 난감한 상태가 될 것이다. 사실 갔다 온 집에 대한 글이 좋은 부분이면 상관이 없겠지만 장사가 안 된다든지 아니면 매출이 예전 같지 않게 된 경우라든지 하여 가게가 문을 닫게 될 지경까지 되면 우리가 무심코 올린 맛집의 평에 대한 것으로 엄청난 결과가 일어나는 것이다. 요즈음 같이 코로나로 인하여 많은 것이 잘 안 된다. 장사나 사업이 예전같이 안 되고 있는 것이 사실인 것은 여러분도 알 것이다.

나의 친한 친구는 약 20년 전에 형이 식당을 해서 성공을 하니까 아내가 형 가게에 가서 2년을 일한 다음에 친형이 가게를 운영하는 방법과 반찬 만드는 법 등을 습득해서 방송국 근처에서 순댓국집을 개업하였다. 그 당시 친구가 목에 '우리 가게 맛있는 집입니다.'라고 써 있는 판을 걸고 가게를 홍보해서 한참 동안 부부가 식당을 했다. 한번 놀러가서 어떤 선배와 같이 이야기하는데 내 친구가 가게 홍보를 그렇게 하였다고 했다. 아무나 자기 가게를 글씨로 써서 목에 걸고 하지는 못했을 것이다. 만약 나였다면 그렇게 했을까? 속된 말로 '쪽 팔려서' 못했을 것이다. 친구는 그런 용기가 있었기에 식당 해서 아이들 학교 보내고 집도 경기도 광명시청 있는 곳에 샀다고 들었는데 2~3년 전에 그 식당을 접고 다른 곳으로 이전했는데 지금 식당은 코로나 때문에 잘되지 않아 큰일이라고 한다.

친구의 말은 국밥도 여러 종류가 있는데 순대국밥, 따로국밥, 얼큰이국밥, 콩나물국밥 등 어떤 것을 해야 하고 또 새로운 가게 상호는 어떤 것으로 해야 손님들이 잘 올까, 보통 고민이 아니라고 했다. 요즈음은 가게 임대료도 내야 하지 생활비도 써야 되지 고통이 이만저만이 아니라고 들었다. 코로나로 여러 사람들이 고통을 받고 있다고 텔레비전이나 신문 등에 오르내리고 있지 않은가? 가게 임대료도 못 내서 안타까운 일들이 벌어졌다는 소식도 들린다. 빨리 코로나가 없어지기를 누구나 다 바라고 있다.

남을 비방하다가 엄청난 일이 일어날 수 있다

여러분의 친척이나 형제 또는 일가친척 중에 식당이나 숙박사업, 콘도, 호텔을 하시는 분이 있을 것이다. 만약 작은 식당 같은 곳에서는 여러분이 올린 댓글이나 맛집에 대하여 무심코 하는 댓글이나 동영상 등에 대해서는 별다른 대응이 없을 수 있다. 그런데 큰 회사나 아니면 법에 대하여 잘 알고 있는 분이 여러분이 올린 인터넷 글이나 SNS 글을 보고 여러분에게 어떤 조치를 바란다며 경찰서나 다른 곳에 민원이나 고소를 했다고 가정해보라. 아니면 연예인이나 체육선수를 비방하는 글을 올렸을 경우 그에 따른 상대방인 연예인, 체육선수, 또는 식당이나 회사를 운영하는 사람들은 그것이 사실이 아닌데 따른 피해가 엄청날 것이다. 또한 남들이 비방을 하니까, 그 사람들도 하기 때문에 아무런 죄의식 없이 댓글이나 비방을 한다. '남이 하니까 나도 해도 괜찮겠지.' 하고 남이 잘되니 괜히 배가 아파서 말한다.

"×××학교 다닐 때 아무것도 아니었어, 찌질이였어."
"그래 맞아. 찌질이가 많이 컸어."

이렇게 댓글을 다는데 만약 이것을 알고 어떤 선택을 하였을 경우는 물론, 그 사람들이 소득이 억대가 넘어서 민사적으로 손해배상을 요구하는 경우도 있다. 그러므로 여러분의 사소한 인터넷, SNS 댓글로 인해 상대방은 물론 자신에게도 정신적·육체적·경제적으로 엄청난 일이 벌어질 수 있다는 것을 명심해야 한다.

좋은 말을 아무리 많이 해도 괜찮은 게 사람의 심정일 것이다. 그러나 나쁜 일은 혼자 오지 않고 겹쳐서 온다는 옛말이 있듯이 좋은 말만 해서 웃고 재미있고 즐겁게 사는 것이 최고의 삶이라는 것은 누구나 다 잘 알고 있다.

자기 주변 친구가 잘되면 좋지 않은가? 내 주변이 잘돼야 자랑거리도 되고 남들로부터 "야 좋은 친구 두었네."라는 소리도 듣고 '내 친구도 저렇게 되는데 나라고 안 될 것 없지, 나도 더욱더 열심히 해서 잘 되어보자.'라는 동기부여도 받고 얼마나 좋겠는가. 나 또한 그런 칭찬을 받으면 기분이 좋은 것은 사실이고 주위 사람들은 "좋은 친구 또는 좋은 사람을 두어서 좋겠네."라고 칭찬하면서 부러워할 것이다. 하지만 혹시 기분이 나쁘다는 이유로 함부로 어떤 사람이나 어떤 곳에 대해서 인터넷에 글을 올리거나 댓글을 달 때에는 한 번 더 생각을 해보지 않겠는가? 여러분도 나와 같은 마음 아닐까 싶은데 어떠신가?

형법 제307조(명예훼손죄)

① 공연히 사실을 적시하여 사람의 명예를 훼손한 자는 2년 이하의 징역이나 금고 또는 500만 원 이하의 벌금에 처한다.

② 공연히 허위의 사실을 적시하여 사람의 명예를 훼손한 자는 5년 이하의 징역 또는 10년 이하의 자격정지 또는 1천만 원 이하의 벌금에 처한다.

형법 제311조(모욕)

공연히 사람을 모욕한 자는 1년 이하의 징역이나 금고 또는 200만 원 이하의 벌금에 처한다.

COMMON

SENSE

OF LAW

3장

불가피한
형사소송에서
반드시 이기는 법

최악의 상황에 대비하라

현대사회는 더불어 사는 세상이다. 그러다 보니 이런 사람 저런 사람이 있는 것이다. 친구와 사귀다 보면 마음이 맞는 것 같아 술도 먹고 야외로 놀러가기도 한다. 서로 친한 사이일수록 돈 거래를 하지 않아야 된다고 생각하면서도 친구가 돈이 급히 필요하니 돈을 빌려달라고 한다.

"금방 쓰고 줄게. 필요하면 금방 줄 테니까 언제든지 얘기만 해."

여러분에게 이런 말을 친구나 지인, 또는 친인척이 했다면 어떻게 해야 할까? 참으로 난감하다. 안 빌려주자니 뭐하고 빌려주자니 무언가 꺼림직하다. 빌리는 사람은 목적을 달성해야 하기 때문에 온갖 감언이설로 저녁도 먹고 술도 한잔 곁들이다 보면 이런 말이 나온다.

"야, 너무 걱정 마! 너 나 몰라? 금방 쓰고 준다니까! 대출 내어서 은행 이자 주는 것보다 너한테 꼬박 꼬박 월이자 주는 게 나도 좋잖아. 사업 자금 때문에 그런다!"

이렇게 홀리면 어느 순간 이렇게 말하고 만다.

"그래, 딱 6개월이다!"

차용증이나 담보나 아무것도 받지 않고 돈을 빌려주었다. 그리고 6개월이 넘어서 돈을 돌려달라고 하자 차일피일 미루면서 "사업이 잘 안 되어 그렇다. 조금만 참아달라."며 계속해서 미루게 된다. 정작 돈이 급하면 본인이 안절부절못하게 되고 속된 말로 미친다. 미쳐버린다.

옛말에도 있지 않은가! 앉아서 주고 서서 받는다고. 돈은 내 주머니에 들어와야 내 돈이 되는 법이다. 결국 그렇게 사이가 좋던 친구가 원수가 되어버린다. 어쩔 수 없이 기다리다가 여기저기 본인이 알아보고 경찰서에 고소를 하든지 아니면 법원에 민사로 해야 한다고 주위 사람들이 말한다.

'병은 하나인데 처방은 여러 가지다.'라는 말이 있지 않는가? 예전에 아버지가 땅을 판 돈을 고종사촌 형이 어떻게 알았는지, 그 돈을 빌려달라고 한다. 그 당시 내가 23세였는데 아버지가 땅 판 돈을 내가 맡았다. 지금도 통장을 버리지 않았다. 그 당시만 해도 이율이 굉장히 높았다. 그때 돈 700만 원을 아버지가 선뜻 아들 하나인 나에게 맡겼는데 은행에 맡겼다가 돈 냄새가 나는지 아니면 돈에 발이 달렸는지 사촌 형님이 어떻게 알고 나에게 돈을 빌려달라고 하여 금방 쓰고 준다기에 주었다. 아무튼 돈이라는 것이 남의 손에 돌다 보면 금방 그 돈이 없어지는 법이다. 나중에 어렵게 일부 받은 돈도 시골집 집수리하고 이리저리 하다가 없어져버렸다. 친척에게 주는데 차용증이나 공증받기도 그렇고 받기가 쉽지 않다. 그러나 나중에 큰 코 다치는 것이다.

친할수록 돈 거래는 삼가야 되지 않을까?

내가 그 당사자이다. 잘나가던 친구가 돈이 필요하다고 해서 돈을 빌려주었다. 아내와 같이 상의해서 돈을 주었다. 친구는 "돈이 필요하면 보름 전에 얘기하면 돈을 빼주겠다."라고 말했고 은행에 다니며, 법무 계통의 등기일을 하는데 사무실도 좋고 믿음직한 친구여서 아내가 돈을 입금시켜준 것이다. 그런데 어느 날부터인가 조금 이상한 기분이 들어 전화를 하자 "지금 바쁘니까 나중에 전화하자."라고 하였다. 전화를 자꾸 미루는 느낌이 있었는데 친구들에게 물어보니 그 친구가 돌려막기로 남의 돈을 가지고 와서 이자도 준다는 것이었다. 결국에는 요리조리 버티다가 그만 고무호스에 바람이 새듯 한곳이 펑크가 나니까 감당하지 못하고 많은 피해자들에게 고통만 안기다가 그만 구속되었다. 그리고 한참 만에 나왔다.

자초지종을 묻자 똑같은 말만 되풀이하면서 금방 일어난다고 하였다. 그러나 한번 무너진 둑이 금방 복구될 가능성이 없었다. 그 친구는 여기저기서 고소가 들어오고 급격히 건강이 나빠졌다. 그때 우리도 통장계좌, 내용증명서 등을 준비하여 민사판결에서 승소하였다. 그러나 승소판결도 잠시였다. 그 친구가 가진 돈이 없어서 무용지물이었다.

그 이후 한참 있다가 그 친구는 건강이 급격히 나빠져 그만 저 세상으로 떠나고 말았다. 충격이 왔다. 뭐 자세한 것을 받아놓은 것도 없이 나에게 엄청난 금액의 손해만 안기고 떠난 친구보다 내가 더 미웠다. 친구를 믿었던 것이 첫째요, 꼼꼼하지 못한 것이 둘째요, 최악의 상황을 가정해 보지 않고 그냥 좋은 게 좋다는 식으로 행동한 나 자신에 대한 미움이 가득했다.

여러분은 나와 같은 일을 겪어보지 않았는가? 친구, 형제, 친척 아니 가장 가까운 사람과 금전 거래가 이루어지고 있다. 금전 거래를 잘못하면 돈 잃고 친구 잃고 건강 잃고 전부를 다 잃는다는 말을 뼈저리게 느꼈다. 민사재판 하느라고 아내와 같이 이리 뛰고 저리 뛰고 시간이 엄청나게 요구되는 것뿐만 아니라 정신적 스트레스는 물론이고 육체적으로도 엄청난 고통이 뒤따랐다. 가정에 불화가 왔다.

"당신 때문에 그런 거잖아, 뭐 똑바로 하는 게 없어, 꼼꼼해야지, 허구한 날 일하는 거 보면 다 대충이야!"

이런 식으로 가끔씩 말다툼이 심해지고 스트레스는 결국 온 집안으로 바이러스처럼 퍼져 나갔다. 지금 생각해보면 참으로 어리석은 일이었다.

흔히 사람이 화장실이 급해서 갈 때 마음하고 나왔을 때 마음이 다르다고 한다. 돈을 빌려줄 때와 돈을 받으러 갈 때 어떤 차이가 있겠는가? 돈을 받으러 밤에 집으로 찾아갔다가 괜히 낭패를 보는 일이 있으니까 돈을 빌려줄 때는 한 번 더 생각해보고 어떤 마음에서 달라고 하는지 잘 따져봐야 한다. 사업을 하려고 그런 것인지, 평소 돈을 빌려달라거나 사업 자금을 달라고 하는 사람의 행실이 어떠한지, 도박을 좋아하는지, 술을 좋아하는지, 돈을 갚지 못한다면 어떻게 할지 꼼꼼히 물어보고 돈을 주어야 한다.

대부분의 사람이 지인이거나 '괜찮겠지? 믿음직한 사람이야.'라고 스스로 판단해서는 안 되는데도 불구하고 그렇게 믿고 주는 것이다. 경험은 돈으로 살 수 없는 것이다. 지나고 넘어지고 쓰러지고 아파봐야 쓰라린 경험을 아는 것이다. 옆 사람의 말을 귀 기울여 듣고 스스로 조심해서 나중에 큰 피해를 입지 않아야 하는 것이다. 댐이 무너질 때는 바늘구멍만큼 작은 것으로 무너진다.

형제 간에도 돈 때문에 싸우고 하지 않는가, 내가 많이 가지려고 하고, 조금 더 많이 가지려는 마음이 누구나 다 있게 마련이다. 내가 빌려주거나 투자했거나 공동 투자했거나 내가 돈이 아쉬울 때가 있을 것이다. 그때 돈을 회수 목적으로 상대방에게 간다.

"내 돈을 달라! 언제까지 줄 건가? 공동 투자했는데 당신이 배분을 더 많이 가져가는 것 같다. 투자금액보다 당신은 일을 안 하는데 너무 많이 가져간다. 나는 여기서 빠지니까 당신이 내 돈 내놔라."

이렇게 서로 다투는 것이다. 그렇다고 현재 입장에서 빠질 수도 없고, 형제 간에 매몰차게 할 수도 없는 입장이다. 예전에 어른들이 '친할수록 돈 거래는 하지 마라'고 한 말이 실감나기도 한다. 돈 거래 전에는 그렇게 친하게 지냈다. 지정된 날에 돈을 주지 않으면 하루아침에 그동안 쌓였던

우정이 모래성처럼 무너지는 것이다. '그 당시 빌려주지 않아야 했는데.' 라고 땅을 치고 후회해도 소용이 없다. 유대인이 약속을 생명처럼 느끼는 것처럼 신용을 지켜야 하는데 그렇지 않은 사람들이 종종 있다. 나의 주변에도 그런 친구들의 소식이 들린다. 때로는 타산지석으로 교훈 삼아 마음에 꼭 새겨두어야 하지 않을까?

'법은 권리 위에 잠자는 사람을 보호하지 않는다'는 말이 있다. 본인이 권리를 찾아야지 가만히 앉아 있으면 내 일처럼 도와주지 않는다는 것이다. 형제나 친척도 처음에 약간 도움을 줄 수는 있다고 본다. 그러나 나와 남은 같지 않다고 생각한다. 만약 여러분이라면 어떻게 생각하는가? 자신의 일은 관계 기관에서 직접 찾아가서 묻고, 인터넷도 활용하고, 법률 지식이 있는 전문가와 상담도 해야 한다. 현명한 사람들은 나중에 일어날 수 있는 일들을 위해서 최악의 상황에 놓여 있는 것처럼 예상하고 미리미리 알아둔다. 당신도 그렇게 하는 게 좋지 않겠는가?

형법 제347조(사기)

① 사람을 기망하여 재물의 교부를 받거나 재산상의 이익을 취득한 자는 10년 이하의 징역 또는 2천만 원 이하의 벌금에 처한다.

② 전항의 방법으로 제삼자로 하여금 재물의 교부를 받게 하거나 재산상의 이익을 취득하게 한 때에도 전항의 형과 같다.

형법 제319조(주거침입, 퇴거불응)

① 사람의 주거, 관리하는 건조물, 선박이나 항공기 또는 점유하는 방실에 침입한 자는 3년 이하의 징역 또는 500만 원 이하의 벌금에 처한다.

② 전항의 장소에서 퇴거요구를 받고 응하지 아니한 자도 전항의 형과 같다.

채권의 공정한 추심에 관한 법률 제9조(폭행·협박 등의 금지)

채권추심자는 채권추심과 관련하여 다음 각 호의 어느 하나에 해당하는 행위를 하여서는 아니 된다.

2. 정당한 사유 없이 반복적으로 또는 야간(오후9시 이후부터 다음 날 오전 8시까지를 말한다. 이하 같다)에 채무자나 관계인을 방문함으로써 공포심이나 불안감을 유발하여 사생활 또는 업무의 평온을 심하게 해치는 행위

02

교통사고, 정신 바짝 차려라

교통사고 현장을 본 적이 있는가?

자동차를 운전하면 매 순간 긴장해야 한다. 어떤 일이 벌어질지 아무도 모른다. 특히 밝은 곳에서 운전을 하다가 터널이나 지하차도를 가는데 예를 들어 전동 휠체어가 앞에서 가면 순간적으로 엄청 놀란다. 밝은 부분에서 어두운 곳으로 들어갈 때 시야가 흐려지기 때문이다. 또 전동 휠체어는 천천히 가고 자동차는 빠르므로 사고 나기 십상이다. 또한 야간이나 지하차도에 전동 휠체어에 야간조명이나 밝은 밴드가 있다면 금방 눈에 띤다. 그러나 갑자기 나타난 전동 킥보드는 불빛도 희미하고 요리조리 빠져나가는데 운전자가 겁이 난다. 모든 사고는 순간에 일어나지 않던가?

교통사고 현장을 본 적이 있는가? 우리가 매일매일 타는 승용차가 종이쪽같이 구겨져 있다. 사고현장에는 112순찰차, 경찰관, 119차량, 소방관들이 있다. 사람들이 많이 구경하고 있다. 구경하다가도 본인이 사고도 나지 않았는데 정신이 없을 지경이다. 만약 여러분이 사고가 났다면 정신이 있을까? 어떻게 조치할까?

사고원인도 각양각색일 것이다. 과속으로 일어날 수 있고, 졸음운전으로 일어날 수 있다. 또 음주운전일 수도 있다. 아니면 정비 불량일 수도 있고, 다른 차량에서 물건이 떨어져 피하려다 사고가 날 수도 있다. 사고가 예기치 않게 일어나므로 아무도 알 수는 없다. 혹시 재활용차량이나 화물차, 이삿짐차량에 안전 덮개를 하지 않고 다니는 차들을 눈에 가끔 보이는 경우도 있다. 이들 물건이 밧줄로 묶어 평상시처럼 해서 간다지만 물건이 많다든가 아니면 밧줄이 풀리면 뒤에 오는 차량들의 사고는 피할 수 없는 것이다. 안전덮개를 하고 다니면 물건들이 떨어지지 않을 것이다.

여러분도 운전을 할 것이다. 안전거리를 유지하고 다닌다. 그런데 염치없거나 하는 사람들은 그 사이를 끼어든다. 끼어들기를 하는 것이다. 그럼 뒤에 오는 차량이 브레이크를 밟아야 한다. 만일 급브레이크 밟았는데 뒤차가 안전거리를 하지 않아 내 차량과 부딪히는 경우가 있을 수 있다. 또 하필이면 내 블랙박스가 고장이라도 났다면 앞 차량이 끼어드는 영상이 없다면 어떻게 해야 할까?

교통사고 유형이 여러 가지로 많다

교통사고는 사람들이 차량만 이야기하는 경우가 많다. 교통사고는 차뿐만 아니다. 차와 차, 차와 사람, 차와 자전거, 자전거와 사람, 오토바이와 사람 등 교통사고의 유형들이 많다. 요즈음 전동 스쿠터, 킥보드 등 전기로 움직이는 것도 교통사고에 포함된다. 차량들의 사고는 블랙박스가 있으나 오토바이나 전동 스쿠터, 킥보드 등은 블랙박스가 없어 사고 시 빠른 조치를 해야 한다. 사고가 나면 재빨리 주위에 사람들에게 도움을 요청해야 된다. 아니면 사람들이 구경만 하다가 자기 볼일을 보러 가기 때문이다. 구경만 할 뿐 적극적으로 도와주는 사람이 많지 않을 것이다. 한강공원이나 주변 지방자치단체 자전거도로 및 공원에 자전거로 운동하는 사람들과 걸어서 운동하는 사람들을 많이 볼 수 있다. 자전거를 타고 가는데 사람들이 있는 경우 속도를 유지해야 하는데 그냥 가는 사람들도 있다.

이런 일도 있었다. A라는 사람이 운동을 하기 위해 자전거를 타고 약간 내리막길을 천천히 내려오고 있었다. B, C도 안양천 자전거 도로로 타고 가고 있었다. A와 B가 부딪히는 사고가 일어났다. A는 자전거와 함께 넘어지면서 머리를 바닥에 부딪쳤다고 했다. A와 B, C에게 자초지종을 물어보았다. 진행방향이 같았으나 A를 발견하고 B가 브레이크를 밟았다. 너무 거리가 짧아서 부딪히게 된 것이다. 119를 불러서 A를 가까운 병원으로 데려갔다. 나중에 A는 뇌수술을 받았다고 했다. 만약 아무도 보는 사람이 없었다면, B와 C가 그냥 갔다면, A가 넘어졌어도 아무렇지도 않았다고 한다면, 여러 가지 경우가 있을 수 있는 것이다.

가끔은 여러분이 골목길이나 친인척 집에 가다가 목줄 없는 개나 고양이가 길에서 걸어 다니거나 도로를 건너는 것을 본 적이 있는가? 어떤 마음이 드는가? 사고가 날 수 있다고 생각하지 않는가? 요즈음 100세 수명 시대에 아침, 저녁, 휴일 가리지 않고 운동을 하는 사람들이 많아졌다. 그만큼 운동을 즐기고 서로 이야기하며 건강관리를 한다는 것이다. 자전거를 타는 사람 중에 보험에 드는 사람들도 있다. 많은 사람들이 보험에 들었을까? 만약 자전거를 타고 가는 사람에게 부딪혀 사고가 났다면 어떻게 될까? 자전거 도로에 CCTV가 일반도로처럼 있는 것도 아니다. 또한 일반도로는 다른 차량들의 블랙박스도 있는데 자전거도로에는 없는 경우가 있을 것이다.

여러분 혹시 졸음운전을 경험해본 적이 있는가? 여름철에 에어컨을 오래 돌리고 가면 졸음이 오곤 한다. 환기가 되지 않아서 그럴 것이다. 아니면 식사를 하고 난 뒤 곧바로 운전을 하면 졸리는 사람들이 있다고들 한다. 졸음운전 사고는 음주운전 사고와 같이 대형 사고를 일으킨다. 가끔 고속도로를 가다 보면 차가 왔다 갔다 하는 경우도 있는 것 같았다. 졸음운전인지 전화를 하는 것인지 아니면 라디오 작동을 하다가 그럴 수도 있다. 그때는 가끔 차량 내부를 환기시켜야 한다. 또 졸음이 오면 졸음쉼터에서 쉬고 가면 되지 않는가?

2016년 10월, 방향지시등을 켜지 않고 진로를 변경하느냐고 항의해서 화가 난다는 이유로 차량에 있던 망치를 들고 쫓아가 협박을 하던 30대 A씨는 도주했다가 폐쇄회로(CCTV)를 분석한 경찰에 붙잡혔다. A씨는 경찰에 "순간적으로 화가 나서 그랬고 잘못을 뉘우치고 있다."라고 진술했다. 똑같은 환경에서 참고 인내하는 사람들이 많다는 것을 알아야 한다.(참고자료: "항의한 운전자에 망치 들고 쫓아가 협박한 30대 男 검거", 〈이데일리 뉴스〉, 2016.10.26.)

사고는 예고 없이 온다. 차를 운전하는 사람이면 누구나 해당될 수 있다. 고속도로에서 앞 차의 뒤 바퀴 하나가 빠져서 반대편으로 굴러갔다. 그 자동차 바퀴 때문에 반대편은 아수라장이 될 수 있다. 차를 운전하고

가면 항상 긴장해야 한다. 집중해야 옆이나 앞에서 오는 것도 보이지 않

을까? 또한 교통사고가 났다면 정신을 바짝 차려서 주위 상황이나 목격

자, 2차 사고방지 등 재빨리 대처해야 하지 않을까?

도로교통법 제45조(과로한 때의 운전 금지)

자동차 등(개인형 이동장치는 제외한다) 또는 노면전차의 운전자는 제44조에 따른 술에 취한 상태 외에 과로, 질병 또는 약물(마약, 대마 및 향정신성의약품과 그 밖에 행정안전부령으로 정하는 것을 말한다. 이하 같다)의 영향과 그 밖의 사유로 정상적으로 운전하지 못할 우려가 있는 상태에서 자동차등 또는 노면전차를 운전하여서는 아니 된다.

특정범죄 가중처벌 등에 관한 법률 제1조(목적)

이 법은 「형법」, 「관세법」, 「조세범 처벌법」, 「지방세기본법」, 「산림자원의 조성 및 관리에 관한 법률」 및 「마약류관리에 관한 법률」에 규정된 특정범죄에 대한 가중처벌 등을 규정함으로써 건건한 사회질서의 유지와 국민경제의 유지와 국민경제의 발전에 이바지함을 목적으로 한다.

특정범죄 가중처벌 등에 관한 법률 제5조의3(도주차량 운전자의 가중처벌)

① 「도로교통법」 제2조에 규정된 자동차 · 원동기장치자전거의 교통으로 인하여 「형법」 제268조의 죄를 범한 해당 차량의 운전자(이하 "사고운전자"라 한다)가 피해자를 구호하는 등 「도로교통법」 제54조제1항에 따른 조치를 하지 아니하고 도주한 경우에는 다음 각 호의 구분에 따라 가중 처벌한다.

1. 피해자를 사망에 이르게 하고 도주하거나, 도주 후에 피해자가 사망한 경우에는 무기 또는 5년 이상의 징역에 처한다.
2. 피해자를 상해에 이르게 한 경우에는 1년 이상의 유기징역 또는 500만 원 이상 3천만 원 이하의 벌금에 처한다.

03

자신이 없다면 전문가를 찾아라

무엇이든 전부 다 잘할 수는 없다

사람이 모든 것을 다 잘할 수는 없다. 전부 다 잘하면 얼마나 좋을까! 그렇지만 세상은 공평하게 굴러간다. 내가 잘하는 분야가 있듯이 못하는 분야도 있다. 혹시 전문가와 비전문가의 차이를 아는가? 자동차 명장은 차량이 고장 나면 소리만 들어도 알 수 있다고 한다. 매일매일 일하다 보면 어떤 소리, 어디에서 나는지 어디가 불량인지 안다는 것이다. 장사를 하시는 분은 장사에 능하고, 기계를 다루시는 분은 기계에 능숙하다. 어디

가다 보면 다칠 장소가 아닌데 다치는 경우도 있다. 본인은 병원에 가기 싫지만 혹시나 후유증으로 병원에 간다. 예전에 같은 동료가 파쇄기에 종이를 넣었다. "어, 어!" 이상한 소리가 나서 쳐다보니 파쇄기에 넥타이가 들어가다가 얼른 멈춤을 누른 것이 다행이었다. 이처럼 예상치 못한 일들이 일어나서 전문가를 찾게 되는 경우도 있다.

앞으로 일어날 사고와 같은 아무도 쉽게 알 수 없다. 숙련된 전문가도 항시 긴장하고 점검하고 한다. 우리가 생활하고 있는 법들이 수학 공식과 같은 것이 아니다. 똑같은 사례가 있는 것도 있고, 없는 것이 있다. 그러다 보니 어떤 일이 일어나면 혼자 할 수 있는 것도 있고, 없는 것도 있다. 혼자 하려면 시간과 그에 따르는 휴가도 내야 하고, 직장 동료 눈치도 봐야 한다. 일이 쉽게 풀리면 금방 끝나지만 어떤 일은 잘 풀리지 않는 것도 있다. 기술은 하루아침에 이루어지지 않는다. 송이버섯 나는 곳은 부자지간에도 알려주지 않는다고 한다. 기술 또한 배우고 익히고 시간과 노력이 있어야 전문가가 된다. 그것을 단숨에 취하려는 것은 배가 나무에서 떨어지기를 기다리는 것과 매 한가지다. 사람들이 무슨 일이 일어나면 전문가를 바로 찾지 않는다. 바로 옆에 있는 지인이나 동료에게 물어본다. 옆 동료 또한 비전문가 아닌가? 서로 얘기해보았자 별로 소득이 없지 않을까?

내가 알고 지내는 몇 살 아래의 사람이 있다. 신체도 좋고, 미국 사람처럼 구레나룻과 턱수염도 있다. 그의 사무실에 들어서면 마치 미국에 있는 거 같다. 영화에 나오는 컴퓨터 해커처럼 투명한 이상한 컴퓨터와 뚜껑도 없이 작동하고 신기하다. 컴퓨터에 능하니 주변의 손님이 찾아와 수리도 맡긴다. 내가 찾지 못하는 것이나 궁금한 것이 있으면 찾아가서 문의한다. 전문가라 역시 금방 해결하고 쉽게 설명도 해준다. 여러분이 고친다고 해 보라. 시간도 많이 걸릴 뿐만 아니라 고친다는 보장도 없다. 그래서 카센터, 정비업소, 컴퓨터 수리점, 인테리어 가게, 주위에 둘러보면 전문가들이 많다. 그분들은 그것으로 생계를 이루고 집도 사고 건물도 샀다. 친구들과 가끔 얘기하면 기술이 최고라고들 한다. 그들이 평생 직장처럼 생활하고 있는 것이 부럽다는 말을 얘기한 적이 있었다.

톱니바퀴가 잘 맞아야 자연스럽게 잘 굴러간다. 여러분이 옷을 입는데 첫 단추를 잘못 끼우면 옷이 이상해진다. 혼자서 할 일이 있고, 여러 사람이 할 일이 있다. 살다 보면 원치 않게 병원이나, 경찰서, 검찰청 갈 수 있다. 누구나 잘 모르는 길이면 황당하고 어리둥절하다. 어떤 일이든 잘 알 수 없는 분야가 있다. 자기가 하는 분야에서는 익숙하다. 누구의 도움도 필요하지 않게 잘 지낸다.

내가 할 분야가 있고 전문가가 할 분야가 있다

지금 살고 있는 집 주변이나 다른 곳에 다니다 보면 방수 전문, 누수 전문, 구조 변경 전문, 창문 전문, 청소 전문 등 전문 분야가 많다. 또 내가 무슨 일을 하느냐에 따라 그에 따른 것만 보인다. 예를 들어 내가 부동산을 하면 부동산만 눈에 보인다. 또 내가 핸드폰 대리점을 하면 곳곳에 대리점만 눈에 띤다. 편의점을 하면 눈에 편의점만 보인다는 것이다. 참으로 이상하다. 수많은 다른 세계가 있는데 나와 같은 업종을 하는 사람들이 의외로 많은 것을 느낄 수 있다.

어떤 누수 전문가가 빌라 인테리어를 맡았다. 그런데 도대체 어디서 물이 새는지 몰라서 내가 알고 지내는 형님한테 연락이 왔다. 그 형님은 누수, 막힘 전문가다. 경기도 안양까지 출장을 가야 한다고 했다. 하루 내내 누수를 찾지 못하면 돈을 받을 수 없다고 한다. 들어간 노력, 시간은 상관없다고 한다. 누수를 찾으면 돈을 받는다고 한다. 의뢰인이 일을 맡겼다, 빗물인지, 수도인지 하루에 찾지 못하면 집에 와서 누워서 연구, 또 연구, 이 방법, 저 방법으로 구상하며 찾는 것이다.

우리가 어떤 일이 있다고 가정해보자. 백지장도 맞들면 낫다고 하지 않았는가! 그래서 주위에 자기의 일을 알려서 물어본다. 그런데 지인들의 말은 다 다르다. 누구의 말이 정답인지 알 수가 없다. 옛말에 선무당이 사람 잡는다는 말이 있다. 또 병은 한 가지인데 처방은 여러 개라는 말도 있다. 다른 것도 아니고 법이라면 생소한데 여러 사람의 말들을 거치면 다 다르다.

다른 것은 전문가를 찾으면서 막상 법에 관련되면 사람들이 망설이는 것일까, 뭐 때문에 가지 않을까? 자동차가 고장 나면 사람들은 금방 카센터에 간다. 아니면 정비공장이나 AS센터에서 수리를 맡긴다. 머리가 심하게 아프거나 열이 너무 많이 나거나 어딘가 부상당하면 병원을 찾는다. 그런데 본인이 피해를 입거나 어떤 일이 있으면 고민만 한다. 그렇게 차일피일 미루다가 기간이 지나면 할 수가 있는 것도 있지만 할 수 없는 것도 있다.

전에 사귀던 사람과 헤어졌는데 계속해서 괴롭힌다. 아는 사람에게 돈을 사기당했다. 부동산 관련해서 어떤 피해를 당했다. 말할 수 없는 고민이 많다. 괴롭다 등 고민만 하지 말고 약은 약사에게, 신고는 경찰관에게 또 본인의 어려움을 주변의 전문가인 변호사, 법무사, 경찰관, 소방관, 공인중개사, 공인회계사, 세무사, 성폭력 상담사, 복지사 등에게 도움을 요청해야 하지 않을까?

변호사 개인 간의 다툼에 관련된 민사사건과 범죄사건에 관련된 형사사건이 발생한 경우 개인이나 단체를 대신해 소송을 제기하거나 재판에서 그들을 변호해주는 활동을 하는 사람

법무사 위임인으로부터 소정의 보수를 받고 법원이나 검찰청 등에 제출하는 서류를 작성하는 일을 업으로 하는 사람 또는 그 직종

변리사 특허, 실용신안, 디자인 또는 상표에 관한 사항을 대리하고 그 사항에 관한 사무를 수행하는 것을 업으로 하는 사람

마을변호사제도 시민들이 집이나 생활 속에서 접하는 법률문제를 쉽고 편리하게 상의하고 법률적 조언을 받을 수 있도록 마을마다 연결된 변호사를 말한다.

대한법률구조공단 법률 지식이 부족하면서도 경제적으로 어려워 법적 보호를 제대로 강구하지 못하는 국민에게 법률적 지원을 해주기 위해 설립된 기관

세무사 납세자의 위임에 의해 조세에 관한 신고 · 신청 및 청구의 대리와 상담 그리고 회계장부 및 세무조정계산서 작성과 성실신고확인 업무 등 조세에 관한 일체의 업무를 대행하는 사람

04

문서는 꼼꼼히 읽어보고 챙겨라

대부분의 사람이 대충 보는 습관이 있다

우리가 은행에서 대출을 받거나 할 때 대출 약정서 등을 읽어보지 않고 '노란색 또는 갈색 형광펜 칠한 부분만 기재하세요.' 하고 은행 직원이 안내하는 대로 사인을 하는 경우가 대부분일 것이다. 또한 부동산 매매 계약을 하는데도 부동산 중개업자가 안내하는 대로 거의 빠르게 진행하는 것이 나뿐만 아니라 여러분들도 마찬가지일 것이다. 마치 신문이나 잡지처럼 대충대충 읽어나가는 것이다. 곰곰이 한번 생각해보라. 내가 바쁜 것인가, 은행이나 부동산이 바쁜 것인가? 글씨가 깨알같이 작아서 그런 부분도 있을 것이다. 또 설마 무슨 일이 일어날까 하는 안전 불감증일 수 있다.

은행이나 부동산들의 입장에서는 다 근거가 있고 본인들의 업무이므로 매일매일 우리가 숨 쉬는 공기처럼, 시간 되면 밥을 먹는 것처럼 빨리 처리하고 싶기 때문일 것이다. 그러나 어떠한 문제가 발생했을 경우에 그분들은 할 말이 없을 것이다.

"선생님이 읽어보시고 사인한 것 아닙니까?"
"여기 보세요. 선생님이 사인하셨습니다."

이것뿐만 아니다. 인터넷으로 무엇을 찾아보려고 하면 동의를 받는 곳에서도 전부 하나하나 읽어보고 동의하는가? 그리 바쁘지도 않은데 왜 그리 전부 빨리빨리 하는지, 여러분도 혹시 그러한 경험이 있지 않은가?

우리가 밥을 먹을 때도 어른들이 "천천히 꼭꼭 씹어서 먹어야 해." 하면서 정작 어른들은 후룩후룩 뚝딱 먹고 외국 사람들은 식사를 하면서 대화를 많이 하고 천천히 먹는 모습을 텔레비전이나 영화 등을 통해서 많이 보게 된다. 그러나 우리나라는 문화가 빨리빨리 문화인지, 배달도 빨리빨리 뭐든 빨리빨리다. 그러다 보니 밥 먹는 것도 밥 한술 떠서 50번 정도 씹어야 소화도 되고 몸에 좋다고 음식 전문가들뿐만 아니라 의사 선생님들도 말한다.

옛날에는 지금처럼 과학이 발달되지 않아서 모든 것이 농업 중심이었다. 농사짓는 사람들의 일손이 필요했기 때문에 힘을 쓰는 남자들이 일을 많이 하고 잘했다. 봄에 씨를 뿌리고 곡식을 심어 가을에 곡식을 거두어들이는 수확을 하였다. 수확이 끝나면 겨울철에는 초가집 지붕을 엮고 헌 집을 새집 만드는 식으로 볏짚으로 집을 단장하고 했다. 삼삼오오 모여서 이런저런 이야기를 하면서 겨울을 보냈다. 집뿐만 아니라 집 담장도 비가 오면 흙 담장이 무너져버리기 때문에 짚으로 엮어서 흙 담장 위에 놓았다. 짚으로 만든 새끼줄을 생각해보라. 대충 만들어서 어떤 것을 묶으려 하면 풀어지고 안 되는 것이다. 꼼꼼히 단단하게 해야 새끼줄이 풀리지 않는다. 문서도 마찬가지라 생각한다. 그것이 소중하기 때문에 꼼꼼히 적어서 해놓았는데 사람들은 대충대충 읽는 것이다.

어디 부동산 매매계약서의 내용을 한번 보시라. 전에 누수되는 부분이 있었는지, 보일러는 작동 잘되었는지, 화장실 물은 작동이 잘되는지, 대충 집을 살펴보지 말고 확실하게 보아야 나중에 무슨 문제가 있을 시 대비할 수 있는 것이다. 이렇게 말하는 나도 처음에는 대충이었다. 살아가다 보니 친하게 지내는 부동산중개업소 또는 공사하시는 분들의 얘기를 들어 알게 되었다. 사실 중학교 졸업하고 인문계 고등학교를 가야 하는지 실업계 고등학교를 가야 하는지 고민을 깊게 안 해보고, 기계 같은 것, 무엇을 만드는 것, 기계나 다른 원리 같은 것을 크게 생각해보지 않아서 인문계를 택하였다. 그러니까 전구도 제대로 갈지 못한다고 아내에게 잔소리를 들었다.

어느 날 자전거가 펑크가 나서 자전거점에 들러서 사장님과 이것저것 얘기하다 보니 그 사장님이 "처음부터 잘하는 사람이 있나요? 자꾸 만지다 보고 생각해보면 됩니다."라고 하셨다. 그날 사장님이 자전거 펑크 수리하는 것을 자세히 보았다. 그 한참 후에 자전거가 펑크가 나서 나도 한 번 해보았다. 신기하게도 그 사장님이 하는 대로 했더니 자전거 바람이 세지 않았다. 기분이 엄청 좋았다. 마치 내가 기술자가 된 기분이었다. 뭐라 말할 수 없는 기쁨이 있고 난 후 다른 것도 시도를 해보았다. 세면대, 샤워기 교체 등 차츰 기술 발전이 되었다. 사소한 것에서 많은 배움이 있었고 느꼈다. 물건을 사면 제품설명서를 자세히 읽지도 않았고 시도도 해보지 않은 채 고장 나면 다시 사든가 아니면 수리를 맡긴 것이다.

아내가 하는 말이 또 떠올랐다. 사람은 그 입장이 되어보아야 안다는 말이 문득 떠올랐다. 무엇이든 일을 꼼꼼하지 않으면 안 된다는 것이다.

주민센터에 무엇을 신청하러 가든가 아니면 어떤 허가나 신고를 하는 데도 마찬가지라는 것을 느꼈을 것이다. 구비서류가 한 가지라도 빠지면 신청이 되지 않고 그 서류를 완벽하게 해서 가지고 오라고 한다. 하물며 계약서나 다른 중요한 돈 거래에서는 더욱더 꼼꼼해야 된다는 것은 누구나 알 것이다. 그런데 막상 현실에 부딪히면 잘 되지 않는다. 나 또한 그렇다. 다시 확인해서 가는데도 빠질 때도 있다. 항상 습관을 들여서 실수가 없도록 해야 한다고 늘 생각한다.

하루아침에 풍비박산이 날 수 있다

텔레비전에서 보면 가끔 드라마 같은데서 문서를 읽어보는 장면이 나오는데 문서를 천천히 꼼꼼히 읽어보는 장면도 나오고 조사를 몇 시간 받았는데 읽는데 몇 시간 걸렸다는 내용이 나온다. 진짜일까? 읽는 데 몇 시간 걸렸을까? 사람은 기억력의 한계가 있는 것이다. 여러분은 보름 전에 누구와 만나서 점심을 먹었고, 밥값은 내가 내었나, 친구가 내었나, 기억이 가물가물한 적은 없는가? 계약 당시 문서를 읽어보고 잘 이해가 되지 않으면 그 당시 계약하는 상대방이나 중개인, 아니면 은행 직원, 담당 공무원에게 자세히 물어볼 걸 그랬다고 생각한 적은 없는가? 보험관계도 마찬가지일 것이다. 지인이나 사무실에 오시는 보험 판매원분이 설명하는데 계약서의 내용을 다 말을 할 수 없는 것이다. 궁금한 사람인 본인이 직접 물어보아야 나중에 보험을 청구할 때 이게 실비보험에 해당되는지, 내가 과실이 있어 해당되지 않는지 알 수 있는 것이다.

입장을 바꾸어 내가 만약 은행 직원이었다면 어떻게 상대방에게 했을까? 바쁘다고 대출계약 하러 오는 사람들에게 나 또한 전부를 설명할 수 없지 않은가? 누구나 어떤 문제가 있다면 자세히 읽어보지 않고 계약을 하는 사람의 과실이나 책임이 따르지 않을까? 사회생활 자체가 문서나 동의 등을 필요로 하는 부분이 많다. 더군다나 친구나 지인과 돈 거래를 할 때 잘 아는 사이이므로 더욱더 대충대충, 빨리빨리 하지 않는가.

"야, 여기에 사인하면 돼."
"금방 줄 것인데 뭘 자세히 읽어보세요?"
"너 나 못 믿어?"

상대방이 이렇게 나오면 "그래, 친구야." "그래요, 사장님." "그래요, 삼촌." 하고 사인하고 다 읽어보지도 않고 한다. 그러다가 돈을 주지 않았을 때, 아니면 자세히 읽어보지 않은 것이 연대보증인이라고 하면 어떻게 되겠는가? 돈 때문에 형제나 친구, 지인, 동창, 선배 등 얽힌 관계가 하루아침에 풍비박산이 나지 않는가?

아무리 좋은 말도 계속 들으면 잔소리가 된다. 우리 어머님이 하는 말씀이 똑같다. 남한테 악하게 하지 마라. 그러면 큰일 난다. 약간 손해 보는 게 낫다. 친한 사람과 돈 거래하면 돈 잃고 사람 잃고 건강 잃는다. 뭐든 꼼꼼하게 해라. 학교도 다니시지 않은 우리 어머니는 좋은 잔소리만 하는데 그 당시는 듣기 싫었다. 글을 읽을 줄 몰라도 꼼꼼한 것은 시골 사람들이 일하는 것을 보고 알았다. 깨알 한 알 한 알 주우시는 모습을 보고 무엇이든 꼼꼼해야 된다는 것을 몸소 느끼는데 여러분은 어떠한가?

공인중개사법 제25조(중개대상물의 확인·설명)

① 개업공인중개사는 중개를 의뢰받은 경우에는 중개가 완성되기 전에 다음 각 호의 사항을 확인하여 이를 해당 중개대상물에 관한 권리를 취득하고자 하는 중개의뢰인에게 성실·정확하게 설명하고, 토지대장 등본 또는 부동산종합증명서, 등기사항증명서 등 설명의 근거자료를 제시하여야 한다.

   1. 해당 중개대상물의 상태·입지 및 권리관계

   2. 법령의 규정에 의한 거래 또는 이용제한사항

   3. 그 밖에 대통령령으로 정하는 사항

② 개업공인중개사는 제1항에 따른 확인·설명을 위하여 필요한 경우에는 중개대상물의 매도의뢰인·임대의뢰인 등에게 해당 중개대상물의 상태에 관한 자료를 요구할 수 있다.

05

모든 통화가 녹음된다고 생각하라

우리 일상생활에서 볼 수 있는 일이다

사람이 살다 보면 돈 거래를 하든지, 공사를 하든지, 부동산을 매매하려 하든지 이해관계가 많다. 그러다 보니 언제 내가 그런 말을 했느냐며 말다툼을 한다. 그러다가 문제가 생기면 고소나 고발하든지 어떤 문제가 일어난다. 전화로 하는 경우도 있다. 채권 또는 채무 관계에서도 일어날 수 있다. 왜 물건을 제때 주지 않아서 내가 피해 보느냐며 한 사람은 말한다. 또 상대방은 어제는 그런 말이 없었다며 핏대를 세우고 서로가 말싸움을 한다. 우리의 일상생활에서 흔히 볼 수 있는 일이다. A와 B는 서로 잘 아는 친구 사이다. 사업 자금이 필요하여 B가 돈을 빌렸다. A는 갑자기 돈이 필요하게 되었다. B에게 돈을 달라고 하자 수차례 "조금만 기다려라. 이번 주면 된다."라며 계속해서 요리조리 핑계를 댄다. 화가 난 A가 밤이 늦은 시간에 찾아가 "왜 돈을 주지 않느냐?"라고 항의했다. B가 밤이 늦었으니 다음에 얘기하자고 한다. 서로 옥신각신 '언제 주냐, 왜 안 주냐?' 하고 실랑이를 펼친다.

지인 중에 나이 80대 초반의 어르신이 있다. 부동산 사업을 하고 계시는데 계약 관련 일을 하므로 모든 통화를 녹음한다고 했다. 손님들이 전화로 얘기해놓고는 언제 그랬느냐 따지기 때문이라고 한다. 이사를 해야하는데 날짜가 틀리면 낭패도 보통 낭패가 아니라는 것이다. 잔금도 치러야 하지, 그런데 갑자기 안 그랬다고 하면 난리가 난다는 것이다. 사람의 기억은 한계가 있고 또 서로 얼굴을 붉히니까 그 방법을 이용한다는 것이다. 돈이 왔다 갔다 해야 하고 한두 푼도 아니니까 굉장히 난처하니 어쩔 도리가 없다는 것이다. 요즈음 집주인과 세입자 간에도 전기요금, 수도요금 등 서로 얘기하다가 녹음한다며 목소리를 높여가며 서로 말다툼을 하는 경우도 있다.

컴퓨터가 기억을 많이 하고 하여도 사람의 촉각이나 민감한 부분은 감정이 없기 때문에 사람만은 못한 것 같은 생각이 있다. 사람의 신체기능이 컴퓨터처럼 낭떠러지를 보면 눈이 벌써 인지하고 '그만 가, stop'하게 한다. 본인의 입맛에 맞지 않는 음식을 먹으면 뱉거나, 다시 먹지 않게 한다. 또 너무 많이 먹어 배가 어쩔 수 없으면 토하도록 한다. 참 신기한 신체인 것 같다. 그러나 술을 먹거나 하면 인지기능이나 모든 것이 마비되기도 한다. 그래서 사고도 나는 것 같다. 양심을 누구나 가지고 있다. 이것 이래도 될까 안 될까 판단하기도 하는 것 같다. 본의 아니게 하였을 경우 양심의 가책을 받는다는 말이 이 말이 아닐까? 어떤 일을 하는데 나쁜 의도가 있을 때 심장이 더 빨리 뛰는 것도 그런 것이 아닐까?

남 몰래 해도 괜찮겠지?

남 몰래 하는 것은 어떤 것은 괜찮다고 하고 어떤 것은 안 된다고 하는데 여러분 혹시 알고 있는가? 나와 당사자 간의 대화 내용은 불법이 아니지만 본인이 없고 한 상태에서 남 몰래 하는 것은 불법이라는 것을 인터넷을 통해서 익히 알고 있을 것이다. 유튜브를 통해서 법률 전문가들이 동영상으로 제작하여 알려주기도 한다. 어떤 도구를 누가 쓰느냐에 따라 괜찮기도 하고 때로는 법에 따라 처벌받기도 한다. 사용 방법에 맞게 써야 하는 것이 순리인 것 같은 생각이 든다. 칼을 들고 정육점에서 일하는 것은 괜찮지만 강도가 칼을 들면 큰 죄를 묻지 않을 수 없지 않은가? 어떤 것을 불법적인 용도로 사용하면 그에 따른 어떤 것이 반드시 찾아오게 되는 것이다. 나쁜 의도로 수집한 것은 증거로 법은 인정하지 않는다. 오히려 독이 되어 불법으로 처벌을 받게 되는 것이다. 남 몰래 창문 같은 곳에 불법 도청을 한다든가 차량 안에 녹음 기능이 있는 핸드폰 등을 몰래 가져다놓고 얻은 것은 위법이다.

2020년 10월, 재판부는 다방에서 종업원으로 일하던 A와 B는 재산과 사회적 지위가 있는 남성을 노려서 A가 유혹해 성관계하고 난 뒤 강간을 당했다며 신고를 했다. 피해를 뒷받침하고자 몸에 상처를 남기고 전화 통화 녹음을 만들고 B는 A와 짜고 거짓신고 등 범행을 도와 합의금으로 3천만 원을 뜯은 혐의다. A에게는 징역 3년 6개월, B에게는 징역 1년 6개월을 선고했다. 이들의 범행이 상당히 계획적으로 치밀하고 죄질이 불량하며, 여러 객관적인 증거에 반하는 변명으로 진술하고, 범행을 부인하고 반성의 기색이 없었으나 피해자와 합의해 원심보다 6개월 감형했다고 했다. 좋은 일에 같이 합심해야 좋은 결과가 나는 것을 알아야 한다.(참고자료: "'강간당했다' 거짓신고 뒤 합의금 뜯은 다방 종업원 실형", 〈연합뉴스〉, 2020.10.1.)

현대사회에 너무 많은 일들이 벌어지고 있다. 맞벌이 가정에서 유아원이나 유치원 등의 아이들이 폭행당하는 장면이 뉴스에 간혹 나온다. 부모들은 아이를 맡길 곳이 없어 불안하다는 것이다. 그렇다고 아이의 가방에 어떤 장치를 설치하면 어떻게 되겠는가? 사회생활이나 계약관계나 사업하는 데 신뢰를 바탕으로 하는 것이 매우 중요하다. 그럼에도 상대방과 통화하면서 모든 것이 녹음된다고 생각해야 되지 않을까?

형법 제319조(주거침입, 퇴거불응)

① 사람의 주거, 관리하는 건조물, 선박이나 항공기 또는 점유하는 방실에 침입한 자는 3년 이하의 징역 또는 500만 원 이하의 벌금에 처한다.

② 전항의 장소에서 퇴거요구를 받고 응하지 아니한 자도 전항의 형과 같다.

형법 제156조(무고)

타인으로 하여금 형사처분 또는 징계처분을 받게 할 목적으로 공무소 또는 공무원에 대하여 허위의 사실을 신고한 자는 10년 이하의 징역 또는 1천500만 원 이하의 벌금에 처한다.

형법 제350조(공갈)

① 사람을 공갈하여 재물을 교부받거나 재산상의 이득을 취득한 자는 10년 이하의 징역 또는 2천만 원 이하의 벌금에 처한다.

② 전항의 방법으로 제삼자로 하여금 재물의 교부를 받게 하거나 재산상의 이익을 취득하게 한 때에도 전 항과 같다.

통신비밀보호법 제3조(통신 및 대화비밀의 보호)

① 누구든지 이 법과 형사소송법 또는 군사법원법의 규정에 의하지 아니하고는 우편물의 검열·전기통신의 감청 또는 통신사실 확인자료의 제공을 하거나 공개되지 아니한 타인간의 대화를 녹음 또는 청취 못한다. 다만, 다음 각 호의 경우에는 당해 법률이 정하는 바에 의한다.

통신비밀보호법 제14조(타인의 대화비밀 침해 금지)

① 누구든지 공개되지 아니한 타인 간의 대화를 녹음하거나 전기장치 또는 기계적 수단을 이용하여 청취할 수 없다.

② 제4조 내지 제8조, 제9조제1항 전단 및 제3항, 제9조의2, 제11조제1항·제3항·제4항 및 제12조의 규정은 제1항의 규정에 의한 녹음 또는 청취에 관하여 이를 적용한다.

06

증거가 있는 사람이 이긴다

증명할 수 있는 것이 있어야 하지 않을까?

요즈음 대부분의 사람은 어떤 물건을 사거나 하면 카드로 결제한다. 물론 현금 결제하는 사람들도 있다. 현금 결제하는 사람은 현금카드 영수증이나 핸드폰으로 결제 입력한다. 어떤 근거도 있고, 나중에 세금 혜택을 받고 어디 얼마나 썼는지 알기도 쉽다. 여러분이 기억해보라. 한 달 전 누구와 식사를 했는지, 누가 계산을 했는지, 오래되면 기억은 사라진다. 사라져야 정상적이지 않는가? 만약 우리의 뇌가 전부를 기억한다면 너무 많은 것이 쌓여 과부하가 걸리지 않겠는가. 그래서 뇌도 일정한 양이 들어오면 일정한 양이 없어지는 것과 같이 사라지고 또 기억한다고 생각한다.

거래에서도 내가 주었으면 언제 주었고 얼마나 많은 것을 주었는지 알아야 되지 않겠는가, 그래서 영수증을 받고 결제한 것을 정리하여 한곳에 모아두는 것이다. 세금에서도 마찬가지일 것이다. 연말정산 하는 것도 마찬가지로 다 증빙할 수 있는 서류가 있어야 한다. 회사에 공사를 하면은 공사하는 사람은 얼마에 하는지, 어떤 곳에 어떤 것을 썼는지 알아야 하는 게 아닌가? 무턱대고 '얼마에 공사합니다.'라고 하면 돈을 주는 것이 아니지 않은가? 예를 들어 수도배관 공사를 하였다고 하자. 수도꼭지 1개 얼마, 배관 2개 얼마, 인건비 얼마해서 '도합 ○○○원입니다.'라고 확실히 해야 돈을 받는 것이다. 그래서 공사하는 사람은 소득부분에 대하여 세금을 내니까 다 근거되는 서류를 준비하고 챙겨놓는 것이다.

교통사고가 났다고 가정해보자. 블랙박스가 있다면 A차량 과실 몇%, B차량 과실 몇%라고 할 수 있다. 그러나 상호 블랙박스가 고장 나서 없었다면 어떻게 될까? 서로 목소리가 큰 사람이 이기는 것일까? 차량 진행방향, 파손 부위, 차량 스피드마크 등을 사실 관계를 확인하여 누가 가해 차량인지 누가 피해 차량인지 알 수 있을 것이다. 교통사고가 나면 차량 충격 등으로 순간 정신이 없어 어떻게 해야 할지 모르는 것이 대부분이라고 생각한다. 물론 침착한 사람도 있지만 당황하고 다쳤다면 모를 수도 있을 수 있다. 또 상대 차량이 도주하고 없었다면 어떻게 해야 할까? 많은 사람들이 사고가 나지 않았기 때문에 평범한 생각을 할 것이다.

귀찮다고 목격자가 사라질 수도 있다

사람들은 남의 사고나 불구경, 싸움 구경, 사고 난 것을 궁금해하며 구경을 한다. 그중에 누군가는 지나가다 보았을 수도 있다. 그러나 괜히 말했다가 나중에 귀찮아서 그냥 지나간다. "내가 봤어요."라고 하는 사람들도 있다. 사고가 나면 경찰관이 올 때까지 시간이 걸린다. 목격자가 그때까지 있으면 괜찮지만 본인 볼일 보러 간다. 목격자는 시간이 지나면 사라질 수도 있다. 얼른 보았던 사람에게 도와달라고 하든지, 전화번호를 입력하든지 해야 한다. 당황하면 전화번호를 분명히 알아듣고 입력했는데 다른 번호가 나올 수도 있다. 그때 바로 눌러서 벨소리를 확인해야 좋다고 본다. 아니면 사고 당시 지나던 차량이 있으면 차량번호를 찍어놓든지 해야 나중 도움이 되지 않겠는가 생각한다. 이처럼 증거는 여러분을 기다려주지 않는다. 금방 사라지는 것이 현실이다.

형제나 친구 사이에도 돈을 빌릴 때는 금방 돈을 준다고 하고 흔히 말한다. 갑자기 전화가 와서 가까운 곳에서 만나서 자초지종을 듣게 된다.

들어보니 얼마 되지 않는 금액이라 5만 원짜리 지폐를 현금인출기에서 인출하여 준다. 100만 원 주면 5만 원짜리 지폐 20장이니 영수증 받지 않고 그냥 그 자리에서 준다. 일은 항상 나중에 벌어지게 되는 것이다. 한두 달 가도 빌려갔던 사람이 갚지 않아서 전화를 하니 "내가 언제 빌려갔느냐"라고 했다고 가정해보라. 얼마나 난감한가! 그렇다고 형제간에, 친구 사이 빌려간 자리에서 차용증 쓰고, 영수증 받고 하지 않는 것이 대부분이다. 경찰관이 돈을 주었다는 것을 증명하라고 하면 방법이 있는가? 돈을 줄 때 옆에 친구나 있었다면 모를까, 없었다면 난처하다.

부동산 매매나 임대계약서 등에 있어서 공인중개사가 자세히 안내하므로 안내 절차에 따라서 하면 된다. 그때 혹시 궁금한 점이 있으면 그 자리에서 '이거 어떻게 되느냐, 투명한 것이 맞느냐, 다운계약서는 안 된다'는 등 명확하게 얘기를 해야 나중에 피해를 입지 않는다. 괜히 상대방이 세금이 많이 나오므로 '다운계약서 작성하면 어떻게 해주겠다, 현금으로 어떻게 해주겠다'는 등의 말에 현혹되지 말아야 한다. 나중에 팔 때 양도소득 부분에 세금 문제가 일어날 수도 있다고 하는 소리를 들은 적 있다.

어떤 사고든지 예고가 있는 것은 없다. 만약에 사고가 났을 때 어떻게 해야 하는지는 본인이 제일 중요하다고 생각한다. 차량 사고면 그 당시 지나가는 차량번호를 찍어놓든지, 누가 운전을 했는지, 어떤 옷을 입은 사람이 운전석에서 나왔는지를 알아보고, 주변에 있던 사람들에게 진정성 있게 도와달라고 부탁할지, 본인이 혼자 타고 있었는지, 친구가 있었으면 '너는 어떻게 해라'는 등 역할을 나누어서 목격한 분이 사라지지 않도록 해야 되지 않을까? 갑자기 폭행을 당하였을 경우도 주변 사람들이 보았다면 도와달라고 요청해야 될 것이다. 가만히 있으면 어느 누구도 도와주지 않는다. 어린아이가 배가 고파 울어야 아기엄마가 모유나 우유를 주듯 내가 적극적으로 도움을 청해야 한다.

요즈음 상대방에게 돈을 입금할 때 모바일이나 계좌이체 등으로 근거가 되는 것으로 금전 거래를 하였는지, 소액이라서 현금으로 주었다면 친구나 지인이 함께 있었을 때 목격자가 있었다든지, 상대방에게 돈을 주고 난 뒤 문자를 주고받았다고 하는 사실이 있는지, 내용증명을 보낸 것이 있다든지, 카카오 톡으로 돈을 달라고 했는지 등 증거를 남겨야만 나중에 문제가 되지 않는다. 여러분의 생각은 어떠한가?

특정범죄 가중처벌 등에 관한 법률 제5조의3(도주차량 운전자의 가중처벌)

① 「도로교통법」 제2조에 규정된 자동차 · 원동기장치자전거의 교통으로 인하여 「형법」 제268조제1항의 죄를 범한 해당 차량의 운전자(이하 사고운전자라 한다)가 피해자를 구호하는 등 「도로교통법」 제54 제1항에 따른 조치를 하지 아니하고 도주한 경우에는 다음 각 호의 구분에 따라 가중처벌한다.

　1. 피해자를 사망에 이르게 하고 도주하거나, 도주 후에 피해자가 사망한 경우에는 무기 또는 5년 이상의 징역에 처한다.

　2. 피해자를 상해에 이르게 한 경우에는 1년 이상의 유기징역 또는 500만 원 이상 3천만 원 이하의 벌금에 처한다.

② 사고운전자가 피해자를 사고 장소로부터 옮겨 유기하고 도주한 경우에는 다음 각 호의 구분에 따라 가중처벌 한다.

　1. 피해자를 사망에 이르게 하고 도주하거나, 도주 후에 피해자가 사망한 경우에는 사형, 무기 또는 5년 이상의 유기징역에 처한다.

　2. 피해자를 상해에 이르게 한 경우에는 3년 이상의 유기징역에 처한다.

내용증명

어떤 내용의 것을 언제 누가 누구에게 발송하였는가 하는 사실을 발송인이 작성한 등본에 의하여 우체국장이 공적인 입장에서 증명하는 제도이다. 내용증명은 상대방에게 통보의 성격을 가지면 그 자체로는 법적 효력은 없으나 민사소송 시 법원에 제출되어 증거로써 효력을 지닌다. 내용증명우편이 해당 기재내용의 진실성까지 보장하는 것은 아니다.

07

증인은 사람의 목숨도 구한다

'사고가 왜 났지' 생각한 적은 없는가?

가끔씩 버스나 차를 타고 가다 보면 '목격자를 찾습니다!'라는 플래카드
가 있는 것을 볼 수 있다. 횡단보도나 교차로에서 사고가 나서 목격자를
찾는 것이라 생각된다. 비 오는 날은 아스팔트의 바닥에 선이 보이지 않
는다. 비가 오면 컴컴하게 어둡거나 밤이 아닌데도 앞이 잘 보이지 않는
다. 비만 오는 경우도 있고 때로는 바람과 같이 함께 오는 경우도 있다. 차
를 운전하는 입장에서는 차량 윈도우 플러시를 빨리빨리 작동하게끔 해

야 앞이 잘 보인다. 도로를 걷는 사람도 비가 오면 우산을 쓰니까 당연히 시야가 좁아진다. 이른 새벽도 어두컴컴하다. 터널이나 지하차도 진입하는 순간에도 밝은 곳에 있다가 갑자기 어두워지면 순간 앞이 신경 쓰인다.

사람들의 옷차림을 자세히 본 적이 있는가? 흰색을 좋아하는 사람, 검정색을 좋아하는 사람, 파란색, 남색, 아이보리색, 무슨 색도 그렇게 많은지 모르겠다. 나는 이해력이 다른 사람들보다 느린 편이다. 나 스스로 인정한다. 색깔만 해도 그렇다. 무지개색도 자세히 모른다. 흰색, 검은색, 빨강색, 노란색 정도만 알고 있다. 주황, 남색, 보라색은 솔직히 헷갈린다. 며칠 전에도 아내가 시장에 가려다가 전화가 왔다. 1층 주차장에 있는데 주황색 옷을 가져오라고 해서 옷걸이를 보았다. 남색 옷 비슷한 것, 카키색 비슷한 것, 주황색 비슷한 것 3개를 가지고 갔다. 잘못 가져가면 잔소리를 들어야 하니까 그랬다. 겨울철에는 대부분 춥기 때문에 검정색 같은 옷을 많이 입고 다니는 것 같다. 색깔이 있는 옷은 다른 사람 눈에 금방 들어온다.

교통사고는 왜 나는 것인가? 한번 생각해본 적이 있는가? 운전자가 어두워서 못 보아서 그럴 수 있다. 갑자기 오토바이나 킥보드가 갑자기 튀어 나와서, 운전자가 다른 생각을 하다가 부주의로 날 수도 있다. 사고가 나면 순간 당황을 누구나 한다. '어떻게 하지?' 사람인 이상 생각을 하게 된다. 사람들이 있는 곳은 누구나 볼 수 있다. 그렇지만 아무도 없는 시골 길이나 교외로 가는 곳은 인적이 드물다. 평상시 사람들이 많은 것을 잘 모른다. 시장에 가면 사람들이 많은 것을 느낀다. 또 출퇴근할 때 사람들이 많다. 같은 시간대 움직이니 많을 수밖에 없다고 본다. 영화관에 가면 사람들이 많다. 지금이야 코로나로 사람들이 많지 않지만 말이다. 사고는 목격자가 있을 수도 있고 없을 수도 있는 것이다.

사람은 누구나 이기적인 행동을 한다

사람은 누구나 이기적인 행동을 한다고 본다. 이런 경우도 있을 수가 있다. 아침 일찍 출근하는 분들이 의외로 많다. A는 출근하려고 녹색신호를 보고 횡단보도에서 걸어가고 있었다. 그런데 B차량이 이를 보지 못한 채 부딪히고 그냥 갔다고 가정해보라. A는 넘어져서 크게 다쳤을 것 같다. 이를 인도를 걸어가는 C가 보았다. C는 자기 일이 아니니까 출근도 해야 하기 때문에 신고를 하지 않고 가는 게 양심이 찔렸다. B차량이 지나가고 조금 후 D차량이 가는데 사람이 쓰러져 있어 멈추고 신고를 했다. 112 순찰 차량과 119 구급대가 사고 장소에 왔다. A는 병원으로 치료받으러 갔다.

A는 팔순 후반의 병을 앓고 있는 노모와 함께 살고 있다. 만약 A가 크게 다쳐서 대수술을 받아야 한다면, 노모를 보살펴줄 사람이 없다면 어떻게 될까? 지나가는 C가 나일 수도 있지 않을까? 바쁘다는 핑계로, 아니면 신고하면 귀찮아질 것 같아서, 내 이기적인 생각 때문에 등등 이유는 많을 것이다. A가 내가 아는 형제나 지인이라면 어떤 생각이 드는가? 이처럼 사고는 누구에게나 일어날 수 있는 일인 것이다.

요즈음이야 과학문명의 발달로 CCTV가 많아져 시시비비를 가리는 데 싸우지 않고 해결되는 것이 많아졌다. 참으로 다행한 일인 것이다. 그렇지만 아직도 개인 간의 돈 거래에서 '내가 주었다, 나는 받은 적이 없다'라며 서로 친한 동창끼리, 아니면 형제끼리 싸울 수도 있다. 주로 돈 거래는 아는 사이에 하는 경우가 많다.

2020년 9월, 재심재판부가 중학생을 성폭행하고 연쇄살인의 진범논란을 빚은 이춘재(56) 씨를 증인으로 채택하여 법정에서 신문하겠다고 했다. 그 후 이춘재는 자신이 범행한 것이 맞다고 증언하였고, 당시 억울하게 20년간 복역한 윤성여 씨에게 진심으로 사과한다고 말했다. 그 후 11월 윤성여 씨는 성경 구절을 말하면서 그 당시를 운명으로 받아들이며 형사들을 용서한다고 말했다.(참고자료: "'진범 논란' 8차 사건 이춘재 증인 채택…", 〈부산일보〉, 2020.09.08.)

사람의 앞일은 아무도 모른다. 어제까지 잘 지내다가도 오늘 갑자기 사고가 났다고 하는 소식이 들린다. 교통사고일 경우도 많다. 또 일을 하다가 부주의로 나는 경우도 있다. 가까운 사람들끼리 내기를 하든가, 놀이를 하다가 원한을 사는 경우도 있다. 사소한 일로 사건이 일어나는 것이다. 어떤 일을 우연히 어디를 가다가 볼 수도 있고 들을 수도 있다. 또 이기심에 어떤 경험한 사실이 있어도 그냥 가기도 한다. 입장을 바꾸면 어떻게 될까? 사소한 일인 것 같지만 남의 목숨을 구할 수도 있지 않을까?

형사소송법 제146조(증인의 자격)

법원은 법률에 다른 규정이 없으면 누구든지 증인으로 신문할 수 있다.

형사소송법 제157조(선서의 방식)

① 선서는 선서서에 의하여야 한다.

② 선서서에는 「양심에 따라 숨김과 보탬이 없이 사실 그대로 말하고 만약 거짓말이 있으면 위증의 벌을 받기로 맹세합니다.」라고 기재하여야 한다.

③ 재판장은 증인으로 하여금 선서서를 낭독하고 기명날인 또는 서명하게 하여야 한다. 단, 증인이 선서서를 낭독하지 못하거나 서명을 하지 못하는 경우에는 참여한 법원사무관등이 이를 대행한다.

④ 선서는 기립하여 엄숙히 하여야 한다.

형사소송법 제168조(증인의 여비, 일당, 숙박료)

소환 받은 증인은 법률의 규정한 바에 의하여 여비, 일당과 숙박료를 청구할 수 있다. 단, 정당한 사유 없이 선서 또는 증언을 거부한 자는 예외로 한다.

형법 제152조(위증, 모해 위증)

① 법률에 의하여 선서한 증인이 허위의 진술을 한 때에는 5년 이하의 징역 또는 1천만 원 이하의 벌금에 처한다.

② 형사사건 또는 징계사건에 관하여 피고인, 피의자 도는 징계혐의자를 모해할 목적으로 전항의 죄를 범한 때에는 10년 이하의 징역에 처한다.

08

변호인에게는 솔직히 다 말하라

변호인은 왜 필요할까?

여러분은 친구들이나 지인들과 어떤 관계인가? 모임을 하거나 나와 연관되어 있는 사람들일 것이다. 아니면 자식들과 관련이 되어 알고 있을 것이다. 친한 친구와는 어떻게 대화를 하는가? 솔직히 마음에 있는 말을 다 꺼내놓고 하는 사이인가? 아무리 친한 사이라도 내가 생각하거나 가지고 있는 것 전부를 다 얘기하지는 못할 것이라고 생각한다. 왜 그런 마음이 들까, 내가 아무리 어떤 친구와 친할지라도 그것은 내 생각이 아닐까,

틀릴 수도 있을 것이다. 사람은 생각에 따라서 다 다르기 때문일 것이다. 나도 그런 점을 인정한다. 부모 자식 간에도 허물없이 지내도 할 말이 있고, 안 할 말이 있는 것이다. 미주알고주알 다 말하면 상대가 '뭐 저런 것도 얘기하나.'라고 생각할 수도 있다. 일정한 거리가 있어야 된다고 생각한다. 내 생각이 맞다는 것은 아니다. 그럴 수도 있고 안 그럴 수도 있다는 것이다.

변호인이 왜 필요할까? 어떤 일이나 어떤 문제가 있다. 내 머리로는 도저히 해결할 수 없다. 그러면 계속해서 혼자 일을 며칠 아니 몇 달을 고생해야 된다. 아니 더 많이 할 수도 있다. 아니면 엉뚱한 방향으로 나갈 수 있다. 나 혼자 해결할 수 있으면 변호인이 필요 없을 것이다. 자기가 할 수 있는 분야가 있고 할 수 없는 분야가 있다. 전쟁이 일어나면 누구든지 총 사용법만 알고 총을 사용할 수 있다. 금방 익히면 되는 것이다. 암 덩어리 같은 것이 다리에 붙었다고 하자. 그럼 내가 그 암 덩어리 같은 것을 제거하든가 없앨 수는 없지 않는가? 암 덩어리는 의사에게 맡겨야 안전하다. 차가 고장 나면 고장 난 부분을 점검하여 수리를 받아야 안전하고 빨리 해결할 수 있다고 본다. 법도 마찬가지라고 생각한다. 나 혼자서 해결 못 하니까 변호인을 찾는 것이다.

무슨 일이 있어 변호인을 선임했는데 변호인이 다 알아서 해줄 것이라고 생각할 것이다. 그러나 여러분이 말하지 않으면 변호인도 아무것도 모를 것이다. 변호인이 모르는데 도와줄 수 없는 것이 아니겠는가? 그러면 어떻게 해야 할까? 있었던 일을 차례차례 얘기를 해주어야 변호인이 도와준다고 생각한다.

여러분에게 누군가가 상담을 한다고 가정해보자. A와 B가 싸웠다. C는 여러분이고 경찰관이다. A와 C는 초등학교 동창이다. B는 모르는 사람이다. A, B는 회사원이다. 어느 날 A에게 밤늦게 전화가 왔다. 술을 먹다가 말다툼이 있었는데 맞았다는 것이다. C는 전화를 받았으니 그 상황을 알 수는 없지 않은가? 듣고만 있다. 회사일 때문에 언쟁이 있어 '그 일을 똑바로 좀 해라' 그랬더니 '네가 뭔데 그러느냐'며 서로 옥신각신하다가 나이가 젊은 B에게 맞았다고 한다. 그 식당에서 신고를 하여 경찰관이 왔는데 처벌을 할 것인지 안 할 것인지 경찰관이 물었다. 젊은 놈한테 맞고 억울해서 처벌한다고 했다.

경찰관들이 A, B의 이름과 주민번호를 물어 대답해주었다. 사실 관계를 위해 경찰관서에 동행한다고 경찰관이 말했다고 했다. 지구대로 경찰관과 함께 타고 갔다고 했다. 지구대에서 술을 먹어 정확히 기억은 없지만 대략 20~30분 정도 지난 후 경찰서로 A, B에게 가야 된다고 얘기해주었다고 했다. A, B는 그날 같이 경찰서에 가서 사실 관계를 확인 후 집으로 갔다고 했다.

A는 여러분인 C에게 있었던 일 전부를 말해주었을까? 물론 다 말해주었을 수도 있고 일부만 얘기할 수도 있다. 자기가 한 행동을 말을 안 했을 수도 있는 것이다. 그 당시 기분이 나빠서 술잔을 B에게 뿌렸다는 것은 얘기해주지 않은 것을 나중에 알았다면 어떻겠는가? A에게 어떤 말을 해야 했을까? 아니면 B가 여러분도 아는 초등학교 동창이라면 어떻게 말해야 좋을까? 또 B가 넘어져서 머리를 부딪쳤는데 당시에는 약간 머리가 아프다고만 했는데 그다음 날 뇌수술을 받았다면 어떻게 해야 할까?

사람이 다치려면 매일 다니는 곳에서도 다친다

술을 먹고 잘 아는 식당에서 화장실에 가려고 했다. 동료와 얘기하다가 고개를 돌려 화장실로 급히 가려다 벽기둥 모서리에 눈언저리가 부딪혀 눈썹 있는 곳이 찢어지는 경우도 보았다. 평상시 사고가 한 번도 없었던 곳이다. 사람의 앞일은 그 누구도 모르는 것이다. 어떤 사람은 아파트에서 떨어졌는데 나뭇가지에 걸리거나 차량 위에 떨어져 크게 다치지 않는 사람도 있다. 반면에 어떤 사람은 다칠 곳이 아닌 곳에서 다쳐서 생을 달리하는 사람도 있는 것이다.

내가 알고 있는 지인은 회식이나 친구들과 술을 먹고 대중교통인 버스를 타면 두 팔로 버스 손잡이를 잡는다고 한다. 그러다가 도착지에 이르면 내린다고 했다. 또 다른 지인은 지하철에서 서 있으면 한손은 지하철 손잡이를 잡고 한손은 핸드폰을 쥐고 핸드폰을 본다는 것이다. 만약 무슨 일이 있으면 CCTV에 한손은 손잡은 것이 나오고 한손은 핸드폰 보는 것이 나오는 것이 아니냐며 말했다. 왜 양손으로 버스 손잡이를 잡는지, 손잡이 윗부분을 잡을까 한번 생각을 해봐라. 성추행이나 손이 다른 사람들에게 닿는 것을 방지하기 위해서 그런다고 했다.

일반적인 싸움이 일어나든가, 물건이 없어지든가, 차량이 파손되는 것은 차량의 블랙박스나 CCTV가 있다. CCTV가 주변 곳곳에 있어 확인하기 편리하고 증명하기도 어렵지 않다. 또 지나가는 사람들이 볼 수가 있다. 그런지 요즈음은 소매치기가 많이 없어졌다는 말들이 있다. 사람들이 현금 대신 카드를 가지고 다녀서 그런 것도 있을 수 있다. 버스나 지하철, 상가 곳곳에 CCTV가 있어 그런 것도 있을 수 있는 것이다.

회사원인 동료가 퇴근 후에 술을 먹었다. 청춘남녀가 술을 먹고 이런저런 얘기를 하고 연예인 얘기, 이상형 얘기하다가 한 병 두 병 마시다가 술이 둘 다 약간 취했다고 가정하자. 남자인 갑도 술을 한잔 더 먹고 싶고, 여자인 을도 그렇게 하자고 하는데 코로나로 영업시간이 밤 9시까지라 음식점 근처에 있던 모텔에서 한 잔 더하고 가자고, 서로 얘기만 하자고 약속했다. 둘이서 인근 편의점에서 소주랑 맥주, 안주인 오징어와 땅콩 등을 사가지고 갔다.

그런데 아침에 일어나 보니까 남자 갑과 여자 을이 속옷 차림으로 있었다. 여자 을이 이상해서 경찰에 신고를 했다. 을이 갑에게 성추행을 당했다고 한다. 을은 같은 회사에 다니지만 갑의 얼굴을 보면 머리가 아프고 잠을 못 이룬다고 한다. 신고를 했는데 부모가 알까 봐 마음이 불안하고 심장이 어쩔 줄을 모른다고 했다. 여러분이 을의 부모라면 어떻게 할 것인가? 아니면 지인이라면, 친척이라면 어떻게 해야 할지 고민이 되지 않는가? 변호인에게 얘기하려고 하니 수치심이 들고 남자 변호인이 아닌 여자 변호인에게도 말하기가 곤란할 수도 있는 것이다. 마치 자기의 속내를 드러내 보이는 것 같은 이상한 기분이 들지 않겠는가? 그러나 변호인에게 다 말해야 도움을 받을 수 있다.

종교를 믿는 사람들도 여러 가지이다. 기독교, 천주교, 불교, 원불교 등 많다. 자기의 잘못을 고백하기도 하고, 자세히는 모르지만 참회, 반성 등을 기도하는 것 같은 것도 있다고 들었다. 고해성사라는 것이 천주교에 있다는 소리를 들은 적 있다. 이를 들은 신부님은 남들에게 얘기하지 않는다고 들었다. 고백하는 사람이 고백으로 반성한다고 할 수 있는지 잘 모르겠다. 변호사도 상대방이 진술한 말을 듣고 의뢰인에게 불리한 것을 법정이나 수사 기관에 말하지 않는 준수의무라는 것이 있지 않은가?

나는 이해력이 다른 사람들보다 많이 늦다. 똑같은 말을 들었는데도 매번 이해가 되지 않아 약간의 스트레스가 있다. 왜 그럴까? 똑같은 선생님에게 가르침을 받아도 1등 하는 사람이 있다. 또 나 같이 이해력이 부족하여 꼴찌 하는 사람도 있는 것이다. 법률적인 문제가 있어 혼자서 일을 처리할 수 없을 때 사람들은 변호인을 선임할 수도 있다. 무슨 일이 여러분에게 있다면 있었던 일 전부를 상세히 변호인에게 말해야 나중에 법정이나 다른 것에서 방어권행사에 변호인이 대답을 할 것이 아니겠는가.

변호인 선임은 업무방해, 사기, 횡령, 모욕, 폭행 등에서 많은 일들에서 일어난다. 사람들은 경찰에게 신고를 하면은 무조건 처리가 되는 것으로 알고 있는 사람도 있을 수 있다. 경찰관에게 상담을 했는데 경찰관이 민사 관계라고 하였다. 경찰관이 접수를 받아주기 싫어서 그런 것으로 오해할 수 있다. 경찰관의 처리할 업무가 아닌 것을 할 수 없는 것 아닌가. 주민센터에서 처리하는 일반 행정업무를 경찰관에게 하라는 것이랑 같다. 어떤 행위를 구성하고 있는 것이 민사 관계면 경찰관이 개입할 수 없다.

어떤 것이 궁금하면 경찰관 민원실에 위치한 자문 변호사제도를 이용하여 상담하면 된다. 경찰서 민원실에 가면 휴일을 제외한 이용할 수 있다. 또 검찰청, 법원, 대한법률구조공단 등에 안내접수하면 무료로 이용할수 있다. 여러분의 지인이 어떤 피해를 당하였다면, 어떻게 해야 할까? 변호인에게 있었던 일들을 전부 말해주어야 원하는 답을 들을 수 있지 않을까? 상담하는 곳은 여러분 가까이에 언제든지 있다는 것을 알아두면 좋다.

성폭력범죄의 처벌 등에 관한 특례법 제11조(공중 밀집 장소에서의 추행)

대중 교통수단, 공연·집회장소·그 밖의 공중이 밀집하는 장소에서 사람을 추행한 사람은 3년 이하의 징역 또는 1천500만 원 이하의 벌금에 처한다.

성폭력범죄의 처벌 등에 관한 특례법 제14조(카메라 등을 이용한 촬영)

① 카메라나 그 밖에 이와 유사한 기능을 갖춘 기계장치를 이용하여 성적 욕망 또는 수치심을 유발할 수 있는 사람의 신체를 촬영대상자의 의사에 반하여 촬영한 자는 7년 이하의 징역 또는 5천만은 이하의 벌금에 처한다.

진술은 일관성 있게 하라

법에도 감정이 있을까?

사람이 살다 보면 여러 사람을 만난다. 자기 자랑 늘어놓은 사람, 남의 이야기를 하면서 남을 헐뜯는 사람. 자기가 제일 많이 안다고 말하는 사람, 또 어떤 사람은 만나기는 하는데 말이 없는 사람도 가끔 있기도 하다. 같이 모임도 하고 지내는데 그 자리에 없으면 어쩌니 저쩌니 하면서 입방아를 찧는 말들을 한다. 방금까지 그 모임에서 만났다가 일이 있어 먼저 가겠다고 한다. 그럼 간 사람에 대해 험담을 한다.

"저 친구는 매일 일찍 가. 우리하고 맞지 않나 봐."

세상에 흠이 없는 사람이 어디 있는가? 무엇이든 전부를 다 잘할 수 없지 않는가? 이야기라는 것이 보다 진취적이고 긍정적이고 발전적인 얘기도 있지만 그 반대가 많을 것이다. 만나서 술을 먹든가 하면 이야기 주제가 중구난방인 것이 많다. 술자리에서 좋은 얘기를 하면서 동기부여도 받고, 이야기 들으면서 '나도 해볼까' 하는 마음도 먹고 그러면 얼마나 좋을까? 한참 있다 보면 비슷한 얘기들이다. 그러다가 있지도 않는 것을 상상해서 이야기하고 문제가 터지기도 한다.

사람의 눈에 보이는 것은 크든 작든 구분하게 된다. 속된 말로 입방아를 찧게 된다. 어떠한 일이 일어났다. 그 당사자가 나라고 가정해보자. 어디를 가다가 어떤 사람이 갑자기 담뱃불을 던졌다. 그래서 쳐다보았는데 길을 가는 나를 불러 세웠다.

"왜 그러십니까?" 하고 묻자 "왜 쳐다보느냐?"라고 다짜고짜 얘기하다가 주먹으로 얼굴을 때렸다. 누가 물어봐도 언제 물어봐도 똑같이 말할 것이다. 폭행 부분만 있을 수 있는 이야기가 아니다. 어떤 것이든 일어날 수 있다. 그것뿐이랴! 물건을 사는데 주인이 5만 원에 주기로 했는데 갑자기 6만 원이라고 했다. 그러면 당신이라면 물건을 사겠는가? 사지 않을 것이다. 손님은 '주인이 사람을 호구로 보느냐'고 생각하고 가게를 나올 것이다. 주인은 '저 진상이네.' 생각하고 속으로 '퉤퉤' 침을 뱉을 것이다. 가정이지만 있을 수 있는 일들이다.

이처럼 우리의 일상에서 흔히 벌어지는 일들이 법에서도 일어날 수 있는 것이다. 아침, 저녁 출퇴근 때 만원버스를 타본 적이 있는가? 아니면 지하철을 타본 적이 있는가? 요즈음 출퇴근할 때 가방을 메고 다니는 사람들이 흔히 있다. 지하철에서 자기가 내릴 역에 내리기 위해 미리 움직이지 않으면 나가기 힘들다. 사람들로 빽빽한 데다가 가방도 메고 있는 사람들이 있다. 내 혼자야 다른 사람 혼자를 어깨나 팔로 밀 수 있다. 그런데 사람들이 많으면 꿈쩍도 하지 않는다. 자기가 내릴 역에서 못 내릴 수 있다.

지금은 과학의 발달로 버스나 지하철에 CCTV가 있는 곳이 많다. CCTV가 있지만 사람들이 너무 많이 붐비는 시간일 때는 다 확인할 수 있을까? 자기 욕구를 충족시키기 위해 순간적으로 일어나는 성추행이 일어나는 경우가 그러할 수 있다고 본다. 예를 들어 사람들이 많이 붐비는 지하철에서 A가 B에게 '어딜 만지느냐?' 하면서 신고를 했다. 경찰관이 A와 B의 진술을 들어보니 A는 지하철에 사람들이 많은데 B가 자신의 엉덩이를 만졌다고 한다. B에게 물어보니 절대 그런 일이 없다고 한다. 주변에 보았던 분들도 없다. 옆에 서 있던 사람들도 핸드폰을 보든, 신문을 보든 다 출퇴근 때문에 가고 없다. A와 B는 전혀 모르는 사람이다. 만약 여러분이 A였다면, 혹은 B였다면 어떻게 해야 하는가?

법에도 감정이 있을까? 어떤 것을 보면 사람들의 감정이 다 다르다. 왜 같은 것이 다르게 보일까 하고 생각한 적이 있을 것이다. 나는 각자 기질도 다르고 생각도 다르고 느낌도 다르기 때문이 아닐까 생각한다. 어떤 것을 보고 동정이 갈 때 '아이 불쌍해라.' 하고 생각한다. 그런데 '왜 저 사람들은 환경도 좋지 않은데 아이들을 많이 낳을까?' 하고 생각도 하며, 똑같은 것을 보았는데 동정이 덜 갈 수도 있는 것이다. 그 환경이 되어봐야 알 수 있다고 생각한다.

있었던 일은 언제나 물어봐도 같지 않을까?

있었던 일을 생각하고 말하는 것이 사실인 것이다. 여러분이 있지도 않은 것을 말한다면 어떻게 될까 곰곰이 생각해보라. 여러분이 경찰이나 검찰에서 나오라고 해서 있었던 일을 조사를 받는다면, 경찰관이나 다른 수사 기관 수사관, 조사관은 절차에 따라서 진행할 것이다. 여러분이 누구인지 묻고, 변호인 노트가 있고, 진술을 거부할 수 있다는 것을 설명해줄 것이다, 또 녹화, 녹음 등을 물어볼 수 있다. 어떤 사람은 사실 관계를 말해보라고 하면 언제 물어보나 똑같다. 그런데 어떤 사람은 나중에 물어보면 다르다. 그러면 거짓말을 한다고 생각하지 않겠는가? 여러분이 경찰관이라도 그렇게 생각할 것이다. 실체적 진실은 간단하다고 생각한다. 있었던 일이니까 똑같아야 한다고 생각하지 않는가?

2019년 11월, 경찰은 몽골 울란바토르에서 인천공항으로 향하던 대한항공 비행기 안에서 여성 승무원의 엉덩이를 만지는 등 강제 추행한 혐의를 받고 있는 몽골 헌법재판소장이 경찰 조사에서 처음에는 범행을 부인하다가 "술이 취해 그랬을 수는 있다."라고 진술해 사실상 혐의를 인정했다고 말했다. 또 다른 일행 한 명을 강제추행혐의로 수사하고 있다고 했다.(참고자료: "성추행 기억 안 나는데… 술 취해서 그랬을 수도…", 몽골 헌재소장 혐의 인정, 〈조선일보〉, 2019.11.8.)

이처럼 우리 일상생활에서 일은 순식간에 일어나고 있다. 사람들이 붐비는 시간인 러시아워 지하철에서, 버스에서, 시장에서 언제든 일어날 수 있는 것이다. 경험한 사실을 말하는 것은 언제 물어보든, 시간이 지났든 그 사람의 입장에서 보면 엄청난 일이지만 항상 일관되게 똑같은 것이라 생각한다. 일관되는 진술을 하는 사람이 여러분의 가족이나 지인이라고 생각하면 어떤 생각이 드는지, 여러분의 법 감정은 어떤지 궁금하다.

형법 제298조(강제추행)

폭행 또는 협박으로 사람에 대하여 추행한자는 10년 이하의 징역 또는 1천500만 원 이하의 벌금에 처한다.

성폭력범죄의 처벌 등에 관한 특례법 제11조(공중 밀집 장소에서의 추행)

대중교통수단, 공연·집회장소, 그 밖의 공중이 밀집하는 장소에서 사람을 추행한 자는 3년 이하의 징역 또는 3천만 원 이하의 벌금에 처한다.

COMMON
SENSE
OF LAW

4장

일상생활에서
알아두어야 할
법률 상식 9

01

법에도 유효기간이 있다

법에 기간이 왜 있는 것일까?

우리가 생활하고 있는 것을 한번 자세히 관찰해보자. 핸드폰을 사면 약정기간이 있다. 우유, 과자도 구입하면 유효기간이 포장지에 찍혀 있다. 그것만이 아니다. 약국에서 약을 구입했을 경우에도 며칠 내로 먹으라고 기간이 다 있다. 왜 기간이 있는 것일까? 나름대로 이유가 있어 그러할 것이다. 우리가 이사했을 경우에 다른 곳으로 가면 14일 이내에 신고해야 한다고 알고 있다. 부동산을 구입했다면 며칠 내에 신고하게끔 되어 있다.

법무사나 공인중개사에게 맡겨서 다 처리하지만 다 기간이 있는 것이다. 그럼 법에도 유효기간이 있는 것인지 한번 생각해보라.

재산세나 전기세, 각종 세금고지서 같은 것을 자세히 보라. 언제까지 내면 얼마이다. 그 기간이 지나면 추가요금이 발생하여 내야 한다. 내지 않으면 어떻게 될까? 재산 압류를 할 것이다. 이처럼 모든 것을 기간 내에 하도록 정해져 있다. 그것에 관심을 가져야 한다. 누가 대신 알려주지도 않는다. 고지서를 남들이 일일이 알지 못하기 때문에 그럴 수도 있다. 가만히 생각해보면 생활에 법이 저촉되므로 굉장히 많은 것이 있다는 것을 알 수 있을 것이다. 면허증 갱신기간이 넘어가면 면허가 취소된다. 엄청난 경제적 손실이다. 면허가 없는 상태에서 운전을 하면 무면허운전으로 벌금이 나온다.

얼마 전 지방에 살고 있는 처형은 아들이 신장이 좋지 않아 자식에게 신장을 주었다. 수술 후 정기적으로 병원 갔다가 집에 들렀다. 처형이 집에서 일주일 정도 쉬고 갔다. 처형이 모시 떡을 택배로 부쳐왔다. 모처럼만에 아내가 냉동실을 정리했다. 도토리 묵 가루, 누룽지가루, 돈가스, 메주가루, 멸치, 찰떡파이, 큰아들이 샀다는 닭가슴살 등 비닐봉지에 많았다. 속으로 '에이, 정리 좀 하지.' 했다. 냉동고에도 오래 놓아두면 되지 않는다고 들었다. 그러다가 아내가 "조기 굵은 것 시어머니를 가져다주려고 다듬어서 놓았다."며 투덜투덜하였다. 그 소리를 들으니 내가 괜한 생각을 했다 싶어 미안했다. 일절만 하면 들어줄 것을 아내는 "다른 집은 시어머니가 조기 다듬어서 보내준다는데."라고 중얼중얼하는데 갑자기 듣기 싫었다. 내 생각에 냉장고도 비워둬야 비워지고 할 것인데 싶었다. 아내와 나의 생각 차이가 있는가 싶었다. 여러분은 냉동고에도 오래두면 좋지 않다고 생각하지 않는가. 이처럼 모든 것이 기간이 오래되면 좋지 않을 것이라 생각한다.

학교생활도 교칙이 있어 학생들은 몇 시까지 등교한다. 늦으면 지각으로 처리된다. 학교에 오지 않으면 결석으로 처리된다. 이뿐만이 아니다. 내가 좋아하는 축구 경기가 있다. 정해진 전, 후반이 끝나면 경기가 끝난다. 여러분이 좋아하는 운동은 어떤 것인가? 당구, 바둑, 골프, 탁구, 테니스 등도 정해진 규칙에 의해 하는 것이다. 재산세를 납기 내에 내면 얼마 적혀 있다. 재산세 안내 고지서에 납부 장소는 어떤 은행에 납부하도록 되어 있다. 만약 그 기간이 넘어가면 납부기한이 지난날부터 지방세의 3% 가산된다고 한다.

고등학생들이 대학에 가기 위해 몇 년을 공부했는가? 아침부터 저녁까지 밤늦게 공부한다. 또 학원에서도 한다. 남들이 잘잘 때 좀 더 공부하려고 시간을 아껴서 공부를 한다. 고등학교 3학년을 둔 부모는 발걸음도 살짝살짝 다녀야 한다고 들었다. 그만큼 신경이 예민하고 날카롭고 시험에 대한 스트레스가 많다는 것이다. 그런데 대학시험 응시 당일 1분 늦게 시험장에 도착했다. 차가 막혀서 늦었다. 아침에 시계를 잘못 보았다. 오늘인 줄 모르고 착각했다고 사정하면 들여보내 주어 시험을 치를 수 있는가? 각종 자격증 시험이라든가 아니면 공인 중개사, 공무원 시험, 감정평가사 시험 등 무수히 많은 시험들이 있는데 말이다. 공고된 시간 안에 오지 않으면 그 어떤 이유든 핑계든 통하지 않는다.

여러분이 고소 기간이 넘었는데 고소장을 받아주겠는가, 아니면 고소를 취하하였는데 다시 고소를 받아줄 것인가? 고소 취소는 언제까지 가능한지 다 기간으로 명시되어 있다. 약식명령처분을 받고 7일 이내에 정식재판을 청구하여야 한다. 법원으로부터 주소보정명령을 받았으면 며칠 내에 제출하라고 자세히 안내되어 있다. 이뿐만이 아니다. 관할구청에서 여권을 받으려면 6개월 이내로 찍은 사진을 가지고 오라고 한다. 자세히 생각하면 엄청 많은 것을 느낄 것이다. 주민등록등본은 최근 3개월 내에 것으로 제출하라고 한다. 부동산을 살 때나 전세 등으로 계약 체결 시 부동산등기부등본은 당일의 것을 떼어야 한다. 왜냐하면 이해관계로 인하여 대출이나 채무 등이 존재하면은 큰일이 나서 나중에 낭패를 보기 때문이다.

얼마 전 민원인이 왔었다. 법원으로부터 어떤 서류를 받았는데 이해가 되지 않아서 파출소에 왔다. 잘 살펴보니까 의견서를 7일 이내로 법원에 제출하라는 내용이었다. 그 내용을 알려주었다. 주민들은 서류에 적혀 있는데 평소 잘 접하지 않은 서류이기 때문일 것이다. 운전면허에 있어 교통위반으로 벌점이 초과되면 운전면허가 정지된다. 정지된 것을 모르고 운전을 하면 무면허운전이 된다. 본인이 경찰관서에 벌점을 확인하러 오면 알려준다. 가을철 농민을 괴롭히는 야생멧돼지 때문에 농민들이 피해를 많이 입는다. 이때 유해동물 피해를 막기 위한 총포 관련 면허도 마찬가지다. 언제부터 가능한지 문의하러 오기도 한다. 배를 운전할 수 있는 면허 기간이 5년인데 5년이 지났다면 재교부를 받을 수 있을까 한번 알아보라. 직접 경험을 해야 어떤 것이 기간이 있는지 알게 될 것이다.

모든 것이 기간과 밀접하다

여러분이 복권이 당첨되었다고 가정하자. 1등이 아니고 4등이라고 해서 당첨금 수령을 차일피일 미루었다. 내일까지가 수령기간인데 모레 당첨금을 수령하러 가면 은행 측에서 당첨금을 줄까? 절대 주지 않을 것이다. 왜냐하면 기간이 지났기 때문이다. 수령하지 않은 복권 당첨금이 많다고 알고 있다. 미리 확인하지 않아서 기간이 지났을 수 있다. 또 당첨 복권을 잃어버렸을 수도 있다. 출퇴근하는 전철이나 버스도 시간이 있다.

그 시간이 지나면 떠난다. 나를 기다려주지 않는다. 달려가는 버스를 향하여 제발 다시 오라고 해도 오지 않는다. 버스를 뒤로 오게 할 수는 없는 것이다. 과학이 아무리 발전해도 아직까지 세월을 돌리지는 못하지 않는가? 모든 농작물도 씨 뿌리고, 심고, 가꾸어서 열매를 맺는 것과 같이 모든 것이 기간이 함께한다는 것을 알아야 할 것이다.

우리가 사회생활을 함에 있어 모든 것이 기간과 밀접한 것을 알게 된다. 기간 내에 어떤 것을 하지 않으면 피해가 본인에게 온다는 사실을 알게 된다. 가스요금, 주민세, 아파트관리비, 통신요금, 재산세, 자동차 정기점검 등 꼼꼼히 기간을 확인하는 것을 몸소 익혀두어야 더 큰 피해를 막을 수 있고, 자신의 정당한 권리를 마땅히 찾을 수 있다. 만약 제때 내지 않으면 가산금이 붙는다. 자동차 정기점검을 기간이 초과하면은 초과하는 날부터 가산금의 과태료가 부과된다. 나중에 엄청나게 큰 피해를 입을 수 있는 것이다. 거듭 얘기하지만 법에도 유효기간이 있다는 사실을 명심해야 불이익을 당하지 않는다.

형사소송법 제230조(고소의 기간)

① 친고죄에 대하여는 범인을 알게 된 날로부터 6월을 경과하면 고소하지 못한다. 단, 고소할 수 없는 불가항력의 사유가 있을 때에는 그 사유가 없어진 날로부터 기산한다.

형사소송법 제232조(고소의 취소)

① 고소는 제1심 판결 선고 전까지 취소할 수 있다.

② 고소를 취소한 자는 다시 고소하지 못한다.

③ 피해자의 명시한 의사에 반하여 죄를 논할 수 없는 사건에 처벌을 희망하는 의사표시의 철회에 관하여서도 전2항의 규정을 준용한다.

복권 및 복권기금법 제9조(복권당첨금의 소멸시효 등)

① 복권의 당첨금을 받을 권리는 추첨식 인쇄복권, 추첨식 전자복권, 온라인복권 및 추첨식 인쇄 · 전작결합복권의 경우에는 그 지급 개시일 부터 1년간, 즉석식 인쇄복권 및 즉석식 전자복권의 경우에는 판매기간 종료일부터 1년간 행사하지 아니하면 소멸시효가 완성된다.

02

반려동물 키우면 이것만은 알아두자

사람들이 안전불감증을 가지고 있다

〈이코노미스트〉2020년 9월호에 따르면, 요즈음 4가구 중 1가구가 반려동물을 키우고 있다고 한다. 반려동물을 키우는 이유는 사람에게 충실하고 노인층 및 가족들에게 사랑받기 때문이다. 그만큼 반려동물은 우리와 함께 생활하고 있는 것이다. 우리 인간과 가장 밀접하고 친숙한 것이 반려동물로 인식되어 같이 지내고 있다고 생각한다. 요즈음은 애완견과 같이 운동도 하고 산책도 같이 하면서 생활한다. 그런데 산책을 하다가 애완견이 지나가는 사람에게 이빨을 보이며 짖거나 물려고 해서 실랑이를 벌이는 경우가 있다. 애완견을 좋아하는 사람이 있는 경우도 있고 싫어하는 사람들도 있는 것이다.

  나 자신도 2011년 1월말 아내가 위암 수술을 하고 처갓집 시골에서 바닷가까지 2km 정도 떨어져 산책 겸 바닷가로 가려고 둘이서 걸어갔다. 약10m 앞에서 40대 중반의 아주머니와 시커멓고 목줄도 없고 입마개도 없는 커다란 개가 오는데 들판이고 아내는 수술을 해서 뛰지 못하니 사실 남자지만 정말로 무서웠다. 더 무서웠던 것은 깜깜한 밤에 커다란 개, 피할 수 없는 들판이었다. 아주머니와 개가 지나고 난 뒤 굉장히 화가 났다. 목줄과 입마개가 없다는 것과 아주머니가 아무렇지 않게 다니는 것에 대한 것이었다. 그 이후 큰 개와 목줄이 없으면 두려움이 있는 것이 사실이다.

  지금은 공원 근처에 가면 공원에 애완견의 놀이터도 있어서 애완견과 함께 산책하는 사람들을 흔히 볼 수 있다. 내 성격에 무엇인가 궁금한 점이 있으면 물어보는 성격이라 애완견 가게에 들러서 살펴보니까 애완견에 관련된 것이 많았다. 그런데 사람들이 왜 애완견과 외출할 때 입마개를 하지 않는 것일까? 사람들은 안전 불감증을 가지고 있다. '나는 설마 괜찮겠지.' 하는 생각을 하는데 여러분은 어떤가? 내가 운전을 하면 안전하고 남이 하면 불안한 것은 왜일까? 이런 것이 나만 그런 것인가 하고 생각할 때가 한두 번이 아니다. 사실은 여러분도 그런 경우가 많을 것이다. 그래서 '나 하나쯤이야.' 하는 생각과 '설마 나에게 그런 일이 있을까?' 하고 생각하는 경우가 많을 것이다.

돌아가신 우리 아버지가 예전에 한 일이 개장수였다. 자전거 뒤에 닭이나 개, 고양이를 싣고 여기저기 장터를 다니며 팔기도 하고 사기도 했다. 예전에는 차가 없어서 자전거를 타고 고향 근처의 장터에서 사다가 경북 예천의 풍양장날, 사벌장날, 상주장날, 김천장날, 은척장날에 가축을 사서 다른 장에 팔면서 이문을 남겨 우리 6남매를 키우셨다.

지금 생각해보니 꽤나 먼 거리의 장을 자전거를 타고 다닌 것인데 그때는 어려서 몰랐다. 그저 당연한 것으로 알았는데 그 당시 강아지를 가지고 오면 지금 아이들처럼 강아지를 무척 좋아했다. 강아지에 약간 정이들면 아버지가 다른 장에 팔아서 그땐 아버지가 무척 미웠다. 그래서 그런지 지금도 개에 대해 남들보다 좋은 감정을 가지고 있다.

일이 일어나면 후회하는 것이다

10년 전 작은 녀석 친구 아버지와 같이 저녁을 먹다가 진돗개 얘기를 했고 내가 한 마리 달라고 해서 새끼 진돗개를 아파트에서 1주일 정도 길렀다. 어찌나 영리한지 말도 잘 들었는데 문제는 녀석이 어려서 그런지 밤에 우는 것이었다. 그 당시 애완견에 대하여 모르는 것이 많았다. 그러다가 도저히 안 되겠다며 아내가 경기도 안산에 있는 사촌형에게 진돗개 진순이를 갖다주었다. 그러다가 진돗개 진순이가 새끼도 낳았는데 3년 전 진돗개 배 부위가 밑으로 늘어져 있어서 병원에 갔다가 갑자기 다른 개의 척추를 그만 물어버렸다고 5촌 조카가 말했다. 그때 형수님과 5촌 조카는 다른 사람들이 보는 앞에서 죄인처럼 있었다고 했다. 피해를 당한 애완견 수술비 5백만 원 넘게 나왔다고 했다. 내가 진돗개를 주지 않았다면 그런 일이 일어나지 않았을 텐데 하고 혼자 생각했었다.

그런데 입마개를 했다면 이런 일이 일어나지 않았을 것이다. 생각해보라. 차가 고장 나기 전에 점검을 하듯 애완견도 성격을 자세히 알아야 다른 애완견이나 사람에게 피해를 끼치지 않았을 것이다. 사실 내가 준 진돗개 진순이는 산책하다가 비둘기, 고양이, 두더지도 해쳤다는 것을 나중에 조카와 얘기하다가 알게 되었다. 약간의 사냥 본능이 있으므로 산책을 시키거나 다른 곳으로 이동할 때에 입마개를 해야 했다. 아니면 목줄을 잘 관리해야 했는데 괜찮겠지 하다가 그러한 일이 난 것이다. 이것은 누구에게나 일어날 수 있는 일이라고 생각한다. 그러므로 자기와 함께하는 애완견의 성격, 심리를 잘 파악하여 남에게 피해를 주는 일이 없도록 해야 할 것이다.

반려동물도 인간과 마찬가지로 늙고 병들고 아프다. 내가 싫다고 반려동물을 학대하거나 때리거나 아니면 어떠한 행동을 하여 피해를 입히거나 하면은 안 된다. 가끔 텔레비전에 자기가 싫다고 말 못 하는 동물을 해치는 일을 하여 법적인 처벌을 받는 일들이 벌어지곤 하는데 절대로 그러한 일을 하면 안 된다. 애완견을 기르거나 하는 사람들은 목줄 및 입마개를 외출 시 사용해야 하고 이를 위반할 시 관계구청에서 과태료를 부가하거나 하고 또 112 신고되어 애완견이 사람이나 다른 애완견에게 피해를 입혔을 경우에 법적인 것은 물론이고 민사적인 문제로 금전적 피해를 입을 수 있으므로 사전에 애완견의 등록 및 분실, 신고 등의 절차를 관할구청에 문의하여 애완견의 사육 및 관리를 잘 알고 있어야 된다.

아파트에 애완견과 함께 생활하다 보면 주인이 없어서 애완견이 계속 짖는다고 민원이나 신고가 오는 경우도 있는데 우리 주위에 밤에 일하는 사람들이 생각보다 많다. 교대근무를 하는 사람들이 간호사, 소방관, 경비원, 택배원, 택시기사, 편의점 점원 등 잠을 자고 나가야 하는데 잠을 잘 수가 없어 도저히 안 되겠다고 하면서 신고를 하여 도움을 청하는 분들도 있다.

나도 개인적으로 어릴 적부터 강아지를 좋아하는데 지금도 강아지나 개를 보면 관심도 가서 괜히 내가 먼저 견주에게 개 이름이 무엇인지 묻기도 하고 때로는 어떤 종류인가를 묻기도 한다.

이런 일도 있었다. 지인이 진돗개를 기르다가 나에게 준다고 하여 욕심이 나서 키운다고 했다. 마침 나의 동료가 자기 외삼촌이 영종도에 계시는데 한 마리 달라고 간곡히 부탁하였다. 진돗개가 잘생겨서 머리를 만지는 순간 나의 오른쪽 검지와 엄지 사이를 갑자기 물어 손에서 피가 나고 움푹 들어갔다. 주위에 있던 지인들이 빨리 병원에 가서 광견병 주사를 맞아야 한다고 하여 인근 병원에서 주사를 맞았다. 이렇듯 귀엽고 잘생겼다고 내가 아는 개에 대한 지식으로 대했다가는 나처럼 개한테 물리거나 하는 사고가 일어날 수 있다. 나는 그 사고 이후 아무리 개가 귀엽고 해도 머리를 쓰다듬는 행동은 하지 않는다. 그 개의 입장에서는 자기를 해치는 것으로 알고 나를 위협하기 위해 물었던 것이다.

윗집에서 개짖는 소리가 난다고 서로 감정을 가지고 다투지 말고 서로 입장을 바꾸어놓고 이해해보자. 물론 잠을 자야 하는데 신경질도 난다. '나의 애완견이다.'라고 바꾸어 생각을 해보면 어떨까? 뉴스나 신문에도 가끔 보도되지만 엘리베이터에서 사람을 공격하거나 산책 시 돌발행동을 한다. 안타까운 사고도 나니까 안전 및 보호대는 물론, 애완견에 관련된 지식을 인터넷이나 관할구청에 문의하여 사고가 일어나기 전에 미연에 방지하는 것이 최선이다. 법률 지식은 물론 같이 사는 반려견에 대한 배려가 될 것이라고 생각하는데 여러분 생각은 어떤가?

동물보호법 제13조(등록대상동물의 관리 등)

① 소유자 등은 등록대상동물을 기르는 곳에서 벗어나게 하는 경우에는 소유자등의 연락처 등 농림축산식품부령으로 정하는 사항을 표시한 인식표를 등록대상동물에게 부착하여야 한다.

② 소유자 등은 등록대상동물을 동반하고 외출할 때에는 농림축산식품부령으로 정하는 바에 따라 목줄 등 안전조치를 하여야 하며, 배설물(소변의 경우에는 공동주택의 엘리베이터, 계단 등 건물 내부의 공용 공간 및 평상, 의자 등 사람이 눕거나 앉을 수 있는 기구 위의 것으로 한정한다)이 생겼을 때에는 수거하여야 한다.

③ 시 · 도지사는 등록대상동물의 유실 · 유기 또는 공중위생상의 위해 방지를 위하여 필요한 때에는 시 · 도의 조례로 정하는 바에 따라 소유자등으로 하여금 등록대상동물에 대하여 예방접종을 하게 하거나 특정지역 또는 장소에서의 사육 또는 출입을 제한하게 하는 등 필요한 조치를 할 수 있다.

03

미미한 교통사고라도 이것은 알아두자

운전에는 집중력이 필요하다

차량을 운전하다가 횡단보도에서 신호등이 적색에서 녹색으로 바뀌는 순간 뭔가 부딪혔다. 내려서 보니 어린 초등학생이 부딪히고 얼른 일어나서 도망갔다. 이를 어떻게 해야 하는가? 아무도 없으니 그냥 가자니 찜찜하다. 뒤에서는 차량이 빵빵거리지 '에이 괜찮겠지.' 하고 그냥 회사로 출근했다. 한참 후에 경찰서에서 전화가 왔다. "ㅇㅇㅇ시죠? ××차량 혹시 ㅇㅇ동 사거리 앞에서 사고가 있지 않았나요?"라고 물어온다. 경찰서 교통사고조사반으로 오라고 한다. 누가 뺑소니로 신고를 한 것이다. 만약 여러분에게 이런 전화가 왔다면 어떻게 해야 하는가? 참으로 난감할 것이다. 있을 수 있는 일이다.

차량 운전자는 전후방 등을 주시하면서 운전해야 한다. 그런데 갑자기 뛰어나온 어린이나, 개나 고양이를 피하려다가 가드레일이나 전신주를 받거나 중앙분리대를 받고 그대로 가면 안 된다는 것이다. 사리판단력이 없는 어린이는 자신이 잘못을 했든, 잘못하지 않았든 겁이 나서 도망을 간다고 한다. 그러나 운전자인 여러분은 어떤 조치를 적극적으로 하지 않으면 낭패를 볼 수 있는 것이다. 만약 여러분이 어린이의 부모라고 하면 똑같은 입장이 될 것이다. 또 내 차량이 블랙박스 용량이 어떻게 되는지, 몇 기가이며 며칠 보관되는지 알고 있어야 된다. 하늘을 나는 비행기 사고가 나면 사람들은 비행기를 한동안 타지 않는다고 한다. 그러나 비행기 사고가 자동차 사고보다 훨씬 없다고 한다.

그럼 사고가 났을 때 조치는 어떻게 해야 할까? 많은 이들이 한 번도 생각을 해본 적이 없을 것이다. 왜냐하면 한 번도 일어나지 않았기 때문에 그렇다. 만약 출퇴근 시간이면 차가 곳곳이 막혀 있다. 경찰에게 신고를 하였다고 하면 경찰차도 밀리는 도로를 공상만화에 나오는 AI차량처럼 날개를 달고 날아올 수는 없는 것이다. 우선 현장에서 핸드폰으로 사고 사진을 멀리서도 찍고, 가까이서도 찍고, 사진을 여러 장, 여러 각도에서 찍어놓고 경찰관이나 보험회사 직원이 오면 보여주고 설명하면 된다.

사고 당시에는 살짝 부딪혀서 그냥 다른 사람에게 물어본다. 가만히 생각해보니까 내가 가해 차량이 아니고, 피해 차량이다 누군가 말하면 뭔가 있어야 되는데 없다. 이럴 때를 대비해서 미리미리 차량 장착한 것을 알고 있어야 한다. 저장용량이 얼마 되지 않는다면 본인 컴퓨터에 저장을 해놓는 것도 한 방법이라 생각한다. 사고현장은 그 당시 경찰관이 출동하지 않았다면 없을 수도 있다. 또 출동했다 하더라도 이미 차량들이 빵빵거려 곧바로 이동했다면 난감하다. 그래서 바로 현장에서 사진을 찍어두어야 한다. 처음에는 자기가 잘못했다고 하다가 나중에 발뺌하면 큰일이다. 나중에 사건을 접수시키는 수도 있기 때문이다. 현장은 표시해두지 않으면 없어진다. 상대 차량번호도 나오게 찍고 사고 현장 주변에 있었던 차량들도 찍어두어야 참고가 될 수 있다.

미미한 교통사고라도 신고가 최선이지 않을까?

미미한 교통사고라고 즉시 경찰서에 자진신고를 해야 나중에 큰 문제를 당하지 않는다. 흔히 말하는 뺑소니를 안 당할 수 있다. 다친 사람이 있으면 빨리 병원에 후송하고, 목격자도 있으면 빨리 본인이 확보해놓아야 된다. 가까운 경찰서나 지구대, 파출소나 교통사고조사반에 직접 가서 하든지 아니면 전화로 내 차량번호, 핸드폰 번호, 사고 장소 등을 설명해주면 된다. 본인은 한참 후에 신고를 하고 피해자는 금방 신고했다면 여러분은 어떻게 생각되는가? 아무것도 모르는 어린아이의 부모 입장에서는 억장이 무너질 것이다. 아무 조치도 하지 않고 가는 사람이 어디 있냐고 생각할 것이다. 사람이 넘어지거나 어디에 부딪혔을 때는 모른다. 한참 후에 부딪힌 부위가 아플 수도 있다. 여러분도 그러한 경험이 있을 것이다. 그런데 어린이가 뭘 알겠는가, 입장 바꾸어놓으면 다 똑같은 입장이 된다.

도로를 가다 보면 로드킬 당한 것을 어쩌다 본 적이 있을 것이다. 순간 튀어나온 동물들 때문이다. 고양이일 수도 있고 주인 없는 개일 수도 있다. 얼마 전 차 엔진 부분에서 이상한 소리가 들려 카센터에 차 수리를 맡겼다. 퇴근할 때 찾아 가라고 사장님이 말했다. 버스에서 내려 카센터로 가는데 고양이가 2차선도로를 건너려고 했다. 위험해 보여 순간 "빨리 뛰어!"라고 순간적으로 나도 모르게 말이 나왔다. 내 뒤에서 2~3m 오는 모르는 사람인 엄마와 딸도 나와 같이 고양이를 보았던 모양이었다. 그 부녀도 "어머, 고양이 좀 봐."하고 걱정하는 말이 들려왔다. 그런데 그 고양이가 건너가던 인도에서 조금 가다가 다시 반대쪽으로 가고 있었다. "안 돼, 안 돼!" 소리를 내자 고양이는 듣지도 않고 또다시 길을 건넜다. 차는 다행히 고양이를 보았는지 속도를 줄인 것 같았다.

만에 하나 그 고양이를 피하려다 본인은 물론 다른 차들과 사고가 날 수도 있다. 아니면 핸들을 돌리다가 인도에 있는 전신주와 부딪칠 수도 있다. 보도블록 부분에 있는 무단 횡단 펜스와 살짝 부딪칠 수도 있다. 사람이 아니니까 '괜찮겠지.' 생각하고 그냥 갈 수도 있다. 그러나 보이지 않아도 다른 사람이 볼 수도 있고 양심이 있지 않는가?

어디에서든 주차장에서 차를 주차하다 보면 옆에서 나오면 내 차가 괜찮을까, 아니면 내가 나올 때 옆 차에 부딪히지 않을까 하고 한 번쯤은 생각했을 것이다. 주차장 라인이 좁아서 그런 경우 주차가 힘들어진다. 혹시 여러분 차에 다른 차량이 문콕했던 자국이 있는가? 어떤 마음이 드는가? 다른 사람이 주차하면서 '부딪혔는지 모를 거야'라고 하고 그냥 간다. 그러다가 경찰서나 관리사무소 또는 주차시설에서 전화가 만일 왔다면 어찌 하겠나? 자동차에 센서가 혹시 그 당시에 작동이 안 되어서 다른 차량에 미세하게 부딪혔을 수도 있다. 여러분의 차량을 문콕해서 정비소에서 견적을 내보라.

상대방 차량에 전화번호가 있으면 본인이 전화해서 자초지종을 얘기하면 어떻게 해야 할지 답이 나올 것이다. 그런데 개인정보도 있고 불편해서 전화번호가 없는 차량이 있을 경우에는 어떻게 하겠는가? 또 운전하고 가는데 동물이 갑자기 나타나 차선을 바꾸지 않고 급정거해서 뒤차와 부딪혔다면 과실은 내 차인가 뒤차인가? 똑같은 상황에서 개나 고양이, 멧돼지가 갑자기 나타나서 이를 피하려고 차선을 바꾸다가 뒤차와 부딪혔다면 과실이 내 차인가 뒤차인가?

사람이 생각하는 것과 성격은 다 다르다. 어떤 문제를 바라보는 시각도 다 다를 수 있다. 내가 보기에 아무것도 아닌 것을 상대방은 아무것이 아닐 수도 있다. 내 차가 새 차량이든 약간 사용한 지 오래되었든 상관없이 피해를 입었다면 기분이 상한다. 아무리 사소하게 일어난 교통사고라도 원칙대로 처리하는 것이 가장 현명한 방법이라고 생각한다. 상대 차량에 전화번호가 없다면 경찰관서에 신고를 하든지, 아니면 보험회사 연락을 하든지 조치를 해야 나중에 크게 피해보는 일이 없다고 보는데 여러분 생각은 어떠한가?

특정범죄 가중처벌 등에 관한 법률 제5조의3(도주차량 운전자의 가중처벌)

① 「도로교통법」 제2조에 규정된 자동차·원동기장치자전거의 교통으로 인하여 「형법」 제268조제1항의 죄를 범한 해당 차량의 운전자(이하 사고운전자라 한다)가 피해자를 구호하는 등 「도로교통법」 제54 제1항에 따른 조치를 하지 아니하고 도주한 경우에는 다음 각 호의 구분에 따라 가중 처벌한다.

   1. 피해자를 사망에 이르게 하고 도주하거나, 도주 후에 피해자가 사망한 경우에는 무기 또는 5년 이상의 징역에 처한다.

   2. 피해자를 상해에 이르게 한 경우에는 1년 이상의 유기징역 또는 500만 원이상 3천만 원 이하의 벌금에 처한다.

② 사고운전자가 피해자를 사고 장소로부터 옮겨 유기하고 도주한 경우에는 다음 각 호의 구분에 따라 가중 처벌한다.

   1. 피해자를 사망에 이르게 하고 도주하거나, 도주 후에 피해자가 사망한 경우에는 사형, 무기 또는 5년 이상의 유기징역에 처한다.

   2. 피해자를 상해에 이르게 한 경우에는 3년 이상의 유기징역에 처한다.

형법 제366조(재물손괴등)

타인의 재물, 문서 또는 전자기록 등 특수매체기록을 손괴 또는 은닉 기타 방법으로 기 효용을 해한 자는 3년 이하의 징역 또는 700만 원 이하의 벌금에 처한다.

나도 모르게 찍힌 동영상, 초상권 침해가 아닌가?

정보의 홍수시대에 살고 있다

스마트폰이 기술 발전으로 엄청나게 좋아지는 세계에 우리는 살고 있다. 음식점 배달도 스마트폰으로 검색하여 맛집 등을 검색 배달시키고 있다. 또 무엇이든 간에 궁금한 것은 검색하면은 누구나 알 수 있게 서비스를 제공하기도 한다. 또 자기를 알리는 것이라든지 알고 있는 지식이나 경험을 유튜브로 제작해서 알리기도 한다.

어떤 기술을 알려고 하면은 따라 하면 금방 무엇이든 제공하는 현실에 살고 있다. 가만히 앉아서 세계에서 일어나는 일들을 실시간으로 보는 것이다. 정보의 홍수시대에 우리는 살고 있다. 내가 관심 있는 색소폰을 검색하면 유튜브 방송하시는 분들이 초보부터 프로에 이르기까지 다 나온다. 어떤 사람은 무엇을 배우러 학원 다닐 필요가 없다는 것이다. 독학으로 충분히 배우도록 인터넷 방송 등에서 정보 자료를 활용한다는 것이다.

나는 2년 전부터 장구에 관심이 있어 내가 살고 있는 주민센터에서 화, 목요일에 강의하는 것을 듣고 배우고 있었다. 지금은 코로나 때문에 못 가고 있기도 하지만 그 전에 자전거를 타다가 넘어져서 왼손을 수술하여 쉬고 있는 상태이다. 장구 풍물을 배울 때면 신나고 재미있고 운동도 되고 좋다. 시간이 안 되었을 경우는 다른 분들에게 뒤처지고 하였다. 유튜브에 '장구'를 치니까 여러분의 강의가 있어 따라 하고 익힌다. 어릴 적 시골에서 어른들이 농사일을 끝내고 겨울철에 사물놀이를 하면서 집집마다 돌아다니면서 풍년을 기원하는 것 같았다. 그래서 그런지 풍물에 관심이 있게 된 것이다.

인터넷에는 좋은 것을 마음만 먹으면 배울 것이 무궁무진하게 많다. 인터넷 강의보다 실제로 하는 것이 장단점은 있다고 생각한다. 많은 사람과 알고 지내고 서로 웃고 스트레스도 풀린다. 구청에서 하는 행사에 가서 공연도 하고 사진도 찍었다.

여름철에 무더위로 가족이나 친구들이나 연인과 해수욕장에 간다. 시원한 계곡이 있는 곳으로도 가기도 한다. 사람들이 많고 친구들과 재미있게 놀았다. 그런데 누군가 핸드폰을 계속해서 만지고 있는데 신경이 쓰인다. 그렇다고 뭐 하느냐고 확인할 수 없는 경우도 있다. 사람들이 많아서 사진 찍는 것도 소리가 들리지 않아서 모른다. 하물며 동영상을 찍고 있다고 해도 쉽사리 확인하기 쉽지 않다. 올해는 코로나 때문에 많은 사람들이 모여 있는 것을 꺼려서 다행인 점도 있었다고 생각한다.

사람은 인간관계가 참 쉽기도 하고 한편으로는 어렵기도 하다. 직장에서든 모임에서든 동창회에 있어서든 그렇다고 생각한다. 동호회에서 서로 통하는 사람이 있으면 밥도 같이 먹으러 간다. 또 직장이든 동호회든 회식도 하고 한다. 아무리 오래되었어도 사람 마음은 모른다. 같이 사는 부부 사이에도 서로 잘 안다지만 속마음까지 다 알까? 나는 다 알지 못한다고 본다. 사람의 머리에서 생각하고 있는 것은 아무도 모르는 것이다. 나를 좋아하는지 싫어하는지 표정으로 나타난다지만 무표정한 사람도 있으니 알 수 없는 것이다. 세상이 워낙 변화가 빨리빨리 가다 보니 별의별 사람이 다 있는 것이다.

동호회 같은 곳에서 운동을 하며 땀 흘리다가 서로 친해질 수도 있다. 또 악기를 알려주다가 남녀가 친해지기도 한다. 서로가 남들 몰래 만남을 지속하다가 서로가 좋아서 호텔 같은 곳에 갈 수도 있다. 그런데 남자친구가 여자친구 몰래 동영상을 설치해놓았다면 어떻게 될까 하는 의심도 들 것이다. 어떤 문제로 헤어지게 될 때 그것이 빌미가 될 수도 있다. 만나주지 않으면 어떻게 하겠다, 동영상이 있다, 등 협박을 할 수도 있는 것이다. 헬스 동호회, 배드민턴 동호회, 통기타 동호회, 색소폰 동호회, 드럼 동호회, 댄스 동호회, 풍물 동호회, 붓글씨 동호회 등 수많은 모임과 동호회가 있지 않은가?

호기심에 몰래 장난으로 찍기도 한다

또 호기심에 젊은 학생들이 사귀다가 몰래 장난으로 동영상을 찍기도 한다. 청춘남녀가 기성세대들의 잔소리는 듣기 싫고 나름대로 알아서 한다며 논다. 기성세대가 보기에 지하철이나 공공장소에서 젊은 청춘들은 사랑의 표현을 과도하게 하며 낯 뜨거운 행동을 하기도 한다.

2020년 4월, 검찰은 헤어진 여자친구에게 성관계 동영상을 가지고 있으니 유포하겠다고 협박하여 겁에 질린 피해자를 여러 차례 성폭행하고 성관계 장면을 촬영한 A(23)씨를 유사 강간 등의 혐의로 구속했다. 또 피해자의 추가 피해를 예방하기 위해 동영상 유포 여부 모니터링을 진행하고 심리치료를 지원할 방침이라고 했다.(참고자료: "전 여친과 성관계 영상 유포 협박하고 재차 성폭행한 20대 구속기소", 〈뉴시스〉, 2020. 4.10.)

누구든지 있을 수 있는 동호회나 친한 지인들 사이에서 일어날 수 있는 일들이다. 헤어진다거나 만나주지 않는다든가 어떤 이유로든 몰래 찍은 동영상을 가지고 협박하거나 유포하면 엄청난 피해를 겪게 된다. 정신적·육체적·경제적으로 많은 고통이 일어날 수 있다. 피해자는 남녀노소 가리지 않고 누구나 될 수 있는 것이다.

요즈음은 법이 좀 더 강화되어야 한다는 시민들의 목소리가 있다. 혹시 나도 모르게 찍힌 동영상이 있다면 초상권 침해는 물론 이에 대한 것에 대해 미리 알고 있어야 되지 않을까?

형법 제283조(협박, 존속협박)

① 사람을 협박한 자는 3년 이하의 징역,500만 원 이하의 벌금, 구류, 또는 과료에 처한다.

③ 제1항 및 제2항의 죄는 피해자의 명시한 의사에 반하여 공소를 제기할 수 없다.

형법 제243조(음화반포 등)

음란한 문서, 도화, 필름 기타 물건을 반포, 판매 또는 임대하거나 공연히 전시 또는 상영한 자는 1년 이하의 징역 또는 500만 원 이하의 벌금에 처한다.

형법 제 244조(음화제조 등)

제243조의 행위에 공할 목적으로 음란한 물건을 제조, 소지, 수입 또는 수출한 자는 1년 이하의 징역 또는 500만 원 이하의 벌금에 처한다.

성폭력범죄의 처벌 등에 관한 특례법

제11조(공중 밀집 장소에서의 추행)
대중 교통수단, 공연·집회장소, 그 밖의 공중이 밀집하는 장소에서 사람을 추행한 자는 3년 이하의 징역 또는 3천만 원 이하의 벌금에 처한다.

제12조(성적 목적을 위한 다중 이용 장소 침입행위)
자기의 성적 욕망을 만족시킬 목적으로 화장실, 목욕장 또는 발한신, 모유수유시설, 탈의실 등 불특정 다수가 이용하는 다중이용장소에 침입하거나 같은 장소에서 퇴거의 요구를 받고 응하지 아니하는 사람은 1년 이하의 징역 또는 1천만 원 이하의 벌금에 처한다.

제13조(통신매체를 이용한 음란행위)
자기 또는 다른 사람의 성적 욕망을 유발하거나 만족시킬 목적으로 전화, 우편, 컴퓨터, 그 밖의 통신매체를 통하여 성적 수치심이나 혐오감을 일으키는 말, 음향, 글, 그림, 영상 또는 물건을 상대방에게 도달하게 한 사람은 2년 이하의 징역 또는 2천만 원 이하의 벌금에 처한다.

제14조(카메라 등을 이용한 촬영)
① 카메라나 그 밖의 이와 유사한 기능을 갖춘 기계장치를 이용하여 성적 욕망 또는 수치심을 유발할 수 있는 사람의 신체를 촬영대상자의 의사에 반하여 촬영한 자는 7년 이하의 징역 또는 5천만 원 이하의 벌금에 처한다.

05

CCTV는 아무에게나 제공할 수 없다

CCTV는 누구나에게 제공하지는 않는다

차를 주차해놓았는데 누군가가 내 차를 찌그러뜨리고 갔다. 정말 화가 나서 미칠 지경이다. 차를 구입한 지 몇 달 되지 않았기 때문이다. 차량의 블랙박스 용량이 작은 것에 더욱 화가 났다. 처음부터 용량 큰 것을 설치해야 했는데 하면서 혼자 중얼거렸다. 블랙박스가 정차하면 3시간만 녹화되는 것을 구입했기 때문이다. 차의 운전석 앞부분의 바퀴 부분이 많이 손상되었다. 아내가 알면 잔소리할 것이 더욱 두려웠다. 그래서 평소 알고 지내는 경비원 아저씨에게 CCTV를 보자고 부탁했다. 경비원 아저씨가 절대 안 된다는 것이다. 경찰에 신고해야 하지 그냥하면 안 된다는 것이다. 이게 현실인 것이다.

　사람이든 자동차든 반려견이든 어디를 가나 CCTV에 찍힌다. 당신이 출근하고 퇴근하는 동안 몇 번이나 찍힌다고 생각하는가? 가만히 생각해 보라. 엄청나다. 요즈음은 버스에도, 지하철 차량 안에도 설치되어 있지 않은가? 집을 나와 엘리베이터를 타고 현관을 지나 주차장으로 간다. 차량에 시동을 거니까 블랙박스가 인사를 한다. 직장으로 가는 동안 곳곳에 CCTV가 많다. 출근이라 빨리 가려고 하면 과속, 신호위반이라는 팻말이 나오는 데도 있다. 차를 주차한 뒤 직장 출입구로 올라간다. 다시 엘리베이터를 타니 천장 한 모퉁이에 시커멓게 둥근 것이 사람들을 쳐다보고 있다. 사무실에 들어서니 아무 말 없이 인사도 없는 검은 물체들이 곳곳에 있다. 하루에도 내가 수십 번 찍히는 것이다.

　코로나로 사람 간의 접촉을 하지 않는 비대면이 대다수이다. 사람 간에 마주치는 것을 꺼리는 것이다. 택배가 오면 물건을 문 앞에 놓아두고 '딩동' 벨만 누르고 간다. 택배 물건이야 저 혼자서 주인이 오기를 기다리고 있는 것이다. 곳곳에 시커멓게 있는 것이 지켜보고 있기 때문에 안전하게 마음먹고 물건을 주인을 기다린다. 그러나 문제는 택배 물건이 없어지면 낭패이다. 택배기사 아저씨분이 택배를 놓았는데 누군가가 물건을 슬그머니 가져가면 난리가 나는 것이다. 물건이 발이 달린 것도 아닌데 감쪽같이 사라지는 경우도 있을 수 있다. CCTV 사각지대나 CCTV가 없는 곳에서 없어지기 때문이다.

이런 경우는 없는가? 친구와 아이들과 같이 음식을 먹고 서로 계산을 하려 한다. 그러다가 의자나 탁자 위에 놓여 있던 핸드폰을 그냥 놓아두고 집으로 나왔다. 그러다가 갑자기 전화를 할 일이 있어 주머니 핸드폰을 찾으니 없었다. 아무리 찾아보아도 핸드폰이 없다. 건망증이 있는 것인가? 하루 종일 일이 잡히지 않는다. 그러다가 곰곰이 생각해보니 햄버거 체인점, 아니면 커피숍이라고 직감한다. 택시를 타고 가거나 직접 차를 몰고 급히 간다. 속담에 있지 않은가. 급할수록 천천히 해야 하는데 마음과 몸이 따로 노는 것같이 피곤한 하루가 되는 것이다.

이런 경우 여러분은 어디를 가는가? 아파트 같으면 아파트 관리사무소로 갈 것이다. 또 햄버거 체인점이나 커피숍 가서 CCTV를 보자고 한다. 경찰서에 신고하는 사람도 있을 것이다. 아니면 그분들이 물건을 보관하고 있다면 바로 여러분에게 줄 것이다. 만약 핸드폰이 없다면, 차를 누가 부딪치게 한 것인지 모른다면, 당신이 직접 CCTV를 아파트관리소에서 보여줄까? 안 된다면 어떻게 해야 할까? 아파트관리소에서 CCTV를 보고 난 뒤 당신에게 알려줄까? 많은 생각이 들 것이다. '아파트 경비원과 평소 친하게 지낼 걸.' '커피숍 매일 가는데, 사장과 친하게 지낼 걸.' 별의별 생각이 들 것이다. 그렇지만 그것은 당신의 생각이다. 그분들은 원칙에 입각하여 안 된다고 할 것이 뻔하다. 왜냐하면 그것을 관리해야 할 책임이 있기 때문이다.

CCTV 문제로 시비가 될 수 있다

이런 일이 있었다. 편의점에서 일하는 사장님이 물건을 훔친 학생을 보았다. 경찰에 신고를 하지 않고 다른 학생들에게 "이 학생이 누구냐?"라며 같은 학교 학생에게 CCTV로 보여주면서 물었다. 사장님은 나중에 물건 훔친 학생을 알아서 담임 선생님에게 'ㅇㅇㅇ이 물건을 가져갔다'고 부모에게 알리도록 했다. 그 학생 부모는 '내 전화번호를 어떻게 알았느냐'며 개인 신상에 대하여 불만을 제기했다. 결국 편의점 여사장이 사실대로 자초지종을 얘기했다. 그 사실은 들은 부모가 경찰서에 편의점 사장을 고소했다. 결국 편의점 사장은 개인정보에관한법률위반으로 경찰서에서 조사를 받게 되었다.

이 경우처럼 아무리 피해자라 하더라도 관리사무소나 기타 편의점 등에서 피해자가 직접 CCTV를 보면 안 된다. 그 영상에는 본인 외에 다른 사람의 개인정보가 있기 때문이다. 다른 사람의 영상을 보는 것 자체가 개인정보의 수집이다. 여러분이 생각해보라. 여러분이 CCTV를 보고 누가 어떤 차를 타고 다니고 어떠한 행동을 하는 것을 알면 안 된다고 생각하지 않는가? 그렇기 때문에 수사 기관이 수사 목적을 위해 사실 관계를 확인하는 것은 된다. 경찰관이나 기타 수사 업무를 담당하는 부서는 된다는 것이다.

다시 말하지만 직장, 회사나 자기가 근무하는 곳에 가면 반드시 어떤 것을 관리하는 부서가 있다. 그곳에서 인원, 장비, 물품보관 등을 담당하는 사람이 있기 마련이다. 그들은 자기가 맡은 일을 규정에 따라 처리한다. 권한 외에 일을 처리하면 안 된다는 것을 알고 있다. 그러므로 CCTV는 아무에게나 보여줄 수는 없다. 수사 목적을 위해 필요한 사람에게 제공된다는 사실을 잘 알아야 하지 않을까?

개인정보보호법 제3조(개인정보 보호원칙)

② 개인정보처리자는 개인정보의 처리 목적에 필요한 범위에서 적합하게 개인정보를 처리하여야 하며, 그 목적 외의 용도로 활용하여서는 아니 된다.

개인정보보호법 제18조(개인정보의 목적 외 이용·제공 제한)

① 개인정보처리자는 개인정보를 제15조제1항 및 제39조의3제1항 및 제2항에 따른 범위를 초과하여 이용하거나 제17조제1항 및 제3항에 따른 범위를 초과하여 제3자에게 제공하여서는 아니 된다.

② 제1항에도 불구하고 개인정보처리자는 다음 각 호의 어느 하나에 해당하는 경우에는 정보주체 또는 제3자의 이익을 부당하게 침해할 우려가 있을 때를 제외하고는 개인정보를 목적 외의 용도로 이용하거나 이를 제3자에게 제공할 수 있다. 다만, 이용자(「정보통신망 이용촉진 및 정보보호 등에 관한 법률」제2조제1항 제4호에 해당하는 자를 말한다. 이하 같다)의 개인정보를 처리하는 정보통신서비스 제공자(「정보통신망 이용촉진 및 정보보호 등에 관한 법률」제2조제1항 제3호에 해당하는 자를 말한다. 이하 같다)의 경우 제1호 · 제2호의 경우로 한정하고, 제5호부터 제9호까지 경우는 공공기관의 경우로 한정한다.

   7. 범죄의 수사와 공소의 제기 및 유지를 위하여 필요한 경우

형법 제329조(절도)

타인의 재물을 절취한 자는 6년 이하의 징역 또는 1천만 원 이하의 벌금에 처한다.

06

무심코 클릭하는 인터넷 동의,
한 번 더 확인해라

'뭐 별일 있겠어' 하면서 클릭하다가 피해를 입을 수도 있다

우리가 인터넷으로 지나간 신문 내용이나 어떤 것을 보려면 로그인을
해야 하는 경우가 있다. 인터넷에 익숙하지 않는 사람은 로그인하는데 불
편하다. 나도 인터넷이 익숙하지 않아 인증번호가 어쩌고 하는 말이 나오
면 당황스럽고 '혹시나' 하는 경향이 있다. 메일에 익숙하지 않고 해서 그
런지 가입 하려면 무슨 동의가 많은지, 어떤 것은 필수도 있고 선택도 있
다. 요즈음은 핸드폰 인증번호 받고 절차가 까다롭다.

어떤 부분을 가입하고자 하면 정보동의를 받는다. 내용을 자세히 읽어보고 하는 사람이 몇 명이 될까? 가입 시 핸드폰으로 인증번호를 받으면 그 번호를 입력하면 된다. 아무런 제약을 모른다. '괜찮겠지.' 하고 전부 동의한다. 정보의 홍수시대에 살고 있어 메일을 열어본다. 안내메일 등 수도 없이 많이 메일이 와 있다. 자세히 읽어보고 필요 없는 부분에 동의를 하지 않아도 된다. 바쁜 나머지 자세히 읽어보는 사람은 거의 없을 정도다. 메일에 오는 것이 필요한 것도 있을 수 있다. 반대로 그렇지 않는 경우도 있을 것이다. 혹시 여러분도 이런 경험이 있는가?

여러분이 은행 대출을 받아본 적이 있는가? 대출받을 때 서류를 읽어보는가? 나 역시 대출받은 적이 있는데 자세히 읽어보지 않았다. '뭐 별일 없겠지'하고 생각해서 그랬다. 나뿐만이 아니라 대출할 때 그 내용을 읽어보는 사람은 거의 없을 것이다. 은행 직원이 형광펜으로 색칠한 부분만 쓰고 빨리빨리 쓸 것이다. 글자도 조그만 해 자세히 보아도 잘 보이지도 않게 작게 쓰여 있다. 또 맨 끝부분에 오면 '동의, 비동의' 하는데 동의에 분명히 체크할 것이다. 대수롭지 않게 여기고 또 조그마한 곳도 아니고 공신력이 있는 은행이라고 생각해서 동의할 것이다.

어디 은행만 그런 것도 아니다. 주민센터에 가서도 동의라는 부분을 쓴 것 같은 기억이 난다. 며칠 전에는 농협조합원으로 되어 있어 농협 측에서 독감 접종을 해준다고 병원에 갔다. 거기에서도 안내서에 기록을 하고 동의하는 데가 있어 동의에 체크했다.

혹시 여러분은 핸드폰으로 광고 문자를 받은 적이 있을 것이다. 집에서나 휴가 때 한가롭게 휴식을 취하면서 잠을 자든가 아니면 무엇에 집중하고 있을 때 전화가 온 적은 없는가? 전화를 받아보면 어떨 때는 짜증이 나는 경우도 있다. 안 받으려고 해도 혹시 아는 사람이 전화했겠지, 아니면 누군가 필요해서 전화했겠지 하고 전화를 받는다. 받고 보면 광고나 이상한 전화가 와서 기분이 상한 경우도 많을 것이다. 어디서 내 전화번호를 알아서 전화를 하는 것일까?

가만히 생각해보니까 무엇을 작성할 때 동의와 비동의가 있는데 무의식적으로 동의에 체크를 하는 것이 문제일 수 있다고 생각했다. 내 성격 때문일 수도 있을 것이라고 본다. 물건을 사면 제품설명서를 읽지 않고 판매자에게 설명만 듣고 그냥 사용하는 것이 습관이 된 것이다. '꼼꼼히 읽어보아야 하는데.'라고 생각만 했지, 실천하지 않는 나의 습관이 문제였다고 본다. 혹시 여러분도 나와 같지 않는가?

법은 권리 위에 잠자는 자를 보호하지 않는다

인터넷에서 어떤 것에 가입해야 되는데 꼼꼼히 보았다. 네이버 약관을 읽어보았다. 글자 크기가 작아서 금방 읽기가 쉽지 않았다. 약관을 읽어보니까 세세하게 안내하는 것을 알 수 있었다. 약관에 이렇게 쓰여 있었다.

"유료서비스의 이용과 관련하여 회사와 회원과의 권리, 의무 및 책임사항 기타 필요한 규정을 목적으로 한다.(중략) 회사가 공지 또는 통지하면서 공기기간 내에 의사표시를 하지 않으면 의사표시가 표명된 것으로 본다는 뜻을 명확하게 공지 또는 통지하였음에도 회원이 명시적으로 거부의 의사를 표시하지 아니한 경우 개정약관에 동의한 것으로 본다."

약관뿐만 아니라 위치정보, 운영정책, 개인정보처리방침, 청소년보호정책, 스팸메일정책,책임의 한계와 법적고지, 검색결과 수집에 대한 정책 등 자세히 안내되어 있다. 그런데 이 많은 것을 필요한 사람 외에 읽어보는 사람이 있을까? 물론 읽어봐야 한다. 어떤 일이 일어나기 전에 반드시 읽고 동의를 클릭해야 되는데 과연 몇 명이나 읽어보고 클릭할까, 여러분이나 다른 지인들에게 한번 물어봐라. 다음, 구글, G마켓, 네이버, 네이트, 옥션, 위메프, 쿠팡, 티몬, 호텔스닷컴, 익스파디아, 인터넷 창에 떠 있는 것을 봐도 엄청나게 많다.

　얼마 전 구청에서 자동차 검사받으라는 안내장이 날아왔었다. 한국교통안전공단 안내장을 보았다. 이렇게 쓰여 있었다.

　고객님의 자동차종합검사 유효기간 만료일이 도래하였습니다.
　자동차등록번호 69노 ××××
　검사유효기간 만료일 2020.○○.○○.
　검사가능기간 2020.○○.○○.~2020.○○.○○.

　자세히 안내되어 있었다. 한눈에 들어오는 글귀였다. 나머지 한 장은 자동차 검사 준비사항이 있었다. 자동차 검사관련 주의사항을 읽어보았다. 검사기간 경과로 인한 과태료 발생 등으로 시작하여 내용이 있었다.

　"위반기간 30일 이내이면 과태료 2만 원, 31일째부터 매 3일 초과 시 1만 원씩 가산, 115일 이상이면 30만 원, 검사기간이 지났더라도 검사부터 먼저 받으셔야 과태료 추가 발생을 예방할 수 있습니다. 관할 관청에서 과태료 발생 내용을 통지합니다. 자동차 검사는 소유자 의무사항으로 우편 수령여부와 관계없이 검사기간 내에 받으셔야 합니다."

안내장에 쓰여 있는 주의사항은 대부분 사람들이 읽지 않는다. 기간 내에 거의 다 검사를 받기 때문이 아닐까? 위의 자동차 검사 안내장처럼 인터넷 동의 사항에 대해서도 회사마다 자세히 안내되어 있다. 이것을 모르면 누구의 책임일까? 어떤 문제가 일어나면 '난 몰랐다'가 통할까?

우리가 모르면 안 되는 것이 횡단보도 신호등이다. 횡단보도에서 파란색 신호등에 불이 들어오면 길을 건넌다. 자동차는 빨간색 신호면 멈추어 있는 것이다. 이것을 모르면 어떻게 될까? 사고가 난다. 자동차 속도가 있어 도로를 아무렇지 않게 그냥 건너다가는 큰코다치는 것이다.

이것과 마찬가지로 인터넷에 동의하는 것은 잘 읽어보아야 하지 않겠는가. 시간을 내서 반드시 한 번쯤 읽어보아야 어떤 것이 있는지, 어떤 것을 하지 말아야 하는지를 알게 될 것이다. 법은 권리 위에서 잠자는 사람을 보호하지 않는다고 하였다. 그래서 알아야 되는 것이다. 모르면 손해를 보는 것이다.

"2020년 9월, 추석 쿠폰 드립니다. 당첨된 선물을 즉시 확인해보세요. 택배입니다. 주소 정보가 맞지 않으니 수정 입력하세요" 등 이런 문자를 받고 잘못 누르면 개인정보가 털린다고 한다. 금융위원회와 금융감독원, 과학기술정보통신부 등은 추석 관련 택배나 코로나 긴급재난지원금지원

등을 사칭한 스미싱(smishing)을 우려해 이용자들의 주의를 당부했다. 정부는 출처가 불분명한 인터넷주소는 클릭하지 말 것, 보안강화 및 업데이트 명목으로 개인정보·금융정보를 요구하는 경우 절대 입력하거나 알려주지 말 것을 안내했다.(참고자료: "'추석 쿠폰 드립니다.' 이런 문자 잘못 누르면 개인정보와 돈 털려요", 〈조선일보〉, 2020.9.21.)

　정보의 홍수시대에 인터넷으로 많은 것을 이용한다. 어떤 것을 알아보려고 해도 로그인을 해야 된다. 나의 정보를 입력하고 그 정보를 이용할 수 있다. 무심코 클릭하는 동의를 할 때 의심을 가지고 한 번 더 확인하는 습관을 들어야 하지 않을까? 의심이 최선의 방어라는 말이 있듯이 함부로 클릭하여 여러분의 소중한 자산을 잃지 않아야 된다고 생각하는데 이를 어떻게 생각하는가?

개인정보 보호법 제15조(개인정보의 수집·이용)

① 개인정보처리자는 다음 각 호의 어느 하나에 해당하는 경우에는 개인정보를 수집할 수 있으며 그 수집 목적의 범위에서 이용할 수 있다.

　1. 정보주체의 동의를 받는 경우

　2. 법률에 특별한 규정이 있거나 법령상 의무를 준수하기 위하여 불가피한 경우

　3. 공공기관이 법령 등에서 정하는 소관 업무의 수행을 위하여 불가피한 경우

　4. 정보주체와이 계약의 체결 및 이행을 위하여 불가피하게 필요한 경우

자동차관리법 제84조(과태료)

① 다음 각 호의 어느 하나에 해당하는 자에게는 2천만 원 이하의 과태료를 부과한다.

(중략)

④ 다음 각 호의 어느 하나에 해당하는 자에게는 100만 원 이하의 과태료를 부과한다.

　4. 제13조제2항을 위반하여 자동차의 말소등록 신청을 하지 아니한 자

　5. 제13조제8항을 위반하여 수출의 이행 여부 신고를 하지 아니한 자

07

사기범죄는 노인층 등의 취약계층을 노린다

사기범죄는 노인층을 대상으로만 하지 않는다

요즈음은 인공지능이니 각종 과학기술의 발달로 범죄가 날로 지능화되고 있다. 예전을 생각해보라. 돈을 입금시키려면 은행에 가서 창구 은행 직원에게 돈을 입금했던 것이 불과 얼마 전의 일이다. 그러나 지금은 어떤 시대인가? 자기의 핸드폰에서 인터넷뱅킹을 하고 또 다른 계좌로 보내는 방법들이 무수히 많다. 그러니까 이를 따라가지 못하는 사람들을 상대로 하는 전화금융사기인 보이스피싱이라는 범죄가 일어나 매일매일 피해가 일어나고 있는 것이 현실이다. 남녀노소 범행 대상을 가리지 않는데 인터넷에 불편을 느끼는 노인들을 상대로 대출을 해준다고 하며 이를 가로채는 방법 등 날로 지능이 발달되어 가고 있는 것이다.

꼭 노인층을 대상으로만 하지는 않는다. 이들은 무작위로 핸드폰전화 및 일반전화를 해서 낚이면('피싱'은 고기를 잡는다는 말) 돈을 낚아챈다는 것이다. 아직 사회 물정이 어두운 20대 초반을 대상으로 하여 검찰청, 국세청, 경찰청 등을 얘기하면서 이에 속아 돈을 주는 등 방법이 교묘한 것이다.

10년 전 아주 고전적인 방법은 이랬다. "아무개 씨죠?" 라고 전화가 와서 전화를 받으면 "당신의 아들 ×××가 납치되어 있다. 살리고 싶으면 돈을 어디로 보내라." 하며 전화통화로 "악~악! 살려주세요!"라고 음성을 들려주면서 돈을 입금하지 않으면 어떻게 하겠다며 입금계좌를 알려주는 식이었다. 하필이면 그때 피해자의 아들은 통화가 되지 않았으므로 돈을 범인들이 알려주는 통장으로 돈을 계좌이체시키고 피해를 입었다.

돈을 입금하고 난 뒤 이를 피해자가 이상하게 생각하여 경찰관서에 신고를 하면 어처구니없게도 피해자의 아들은 사우나에 있든지, 아니면 학교에서 강의를 듣느라 전화를 받을 수 없는 상태였던 것이다. 범인들은 우리가 알고 있는 것보다 훨씬 지능적이다. 머리를 좋은 쪽으로 쓰지 않고 나쁜 쪽으로 쓴 것이다. 벌써 방송에서도 소개된 적이 있었다.

만약 지금 책을 읽고 있는 여러분에게 갑자기 이들의 전화가 온다고 가정하면 어떻게 대처하겠는가? 이들은 어떻게 피해자의 이름과 아들 이름을 알고 있을까? 해킹으로 알게 되든지, 아니면 우리가 각종 약관 동의할 때 알게 되어 전화가 올 것을 대비해 이에 대한 정보를 알아야 한다고 생각하지 않는가?

나도 서너 달 전에 ××구청이라고 하면서 재난지원금 관련이라고 하면서 전화가 와서 그냥 끊어버렸는데 다음 날 같은 번호로 전화를 했더니 계속 통화 중이라며 전화가 되지 않았다. 사실 내가 이것은 재난지원금 운운하는 보이스피싱이라고 생각해서 의도적으로 바로 끊어버린 것이다. 그 사람들의 얘기를 들어보았자 사기라고 생각했기 때문이다. 그러나 ××구청이라고 하면서 돈을 준다고 하면, 살짝 정신이 나간다면 또 그들의 수법에 당할 수 있는 것이다.

사람 일은 모른다. 누가 당하고 싶어서 보이스피싱 당하겠는가? 물론 나이가 많으면 당하기 쉬운 사람이 젊은 사람보다 많겠지만 꼭 그렇지도 않다.

아는 고향선배님이 김포 쪽에 밭을 가지고 계시는데, 내게 그곳에 주말 농장을 하려면 하라고 했다. 120평 되는 땅에 고구마, 고추, 들깨, 쥐눈이 콩, 일반 콩을 4년간 농사를 짓고 땀도 흘리고 가을철이면 수확도 하고 또 그것을 주위 지인, 형제들에게 나누어주는 행복으로 재미를 느껴 일을 했다. 그러나 욕심이 많은 것이 화근이었다. 한번 일을 하면 쉬지 않고 빨리 끝내려는 욕심, 또 일을 하다가 쉬다 하면 하기 싫었다. 또 일을 하고 나면 기분도 좋고 친구, 지인들과 삼겹살 먹는 재미가 솔솔 있었다.

욕심은 화를 불렀다. 무리하게 일을 해서 허리에 통증이 있어 내가 다니던 한의원에 침을 맞는데 원장 선생님이 "예, 예"라고 하는 소리가 이상하게 들려 침을 다 맞고 나서 원장선생님에게 왜 그런지 물어보았다. 조금 전 전화를 받고 이상한 것 같았다. 그랬더니 "KT입니다. 곧 전화가 단절되오니 더 듣길 원하시면 0번을 누르세요."라고 하여 원장 선생님이 곧바로 전화를 끊고 KT에 확인하니 전혀 그런 사실이 없다고 한다는 것이었다. 만약 0번을 눌렀다면 어떤 일이 벌어졌을까?

여자 원장님 핸드폰 문자로 'ㅇㅇ소방서 ㅇㅇ출장소입니다. 20××년 ×월 ×일 12:30경 ㅇㅇㅇ님을 응급환자로 이송하였음을 알려드립니다'라고 문자가 왔는데 지인의 어머님이 3년 전 돌아가셔서 보이스피싱인 줄 알았다고 한다. 안 그래도 돌아가시기 전 어머님이 핸드폰을 잘 안 받았는데 만약 살아계신 분이고 응급환자라면 얼마나 당황하고 이를 이용해서 어떤 수단으로 돈을 가로채갈지 큰일 날 뻔했다는 것이다.

의심이 최선의 예방이다

지금은 이들의 수법이 점점 대담해지고 누구나 믿게 하는 지능적인 방법을 한다. 어떤 것이냐면 경찰청 지능범죄수사대, 검찰청 검사 ×××, 금융감독원 ×××라고 하면서 피해자에게 핸드폰으로 공문을 발송하면서 "×××씨죠? 조금 전 핸드폰으로 공문을 발송했는데 나는 중앙 지방검찰청 ××× 검사인데 금융감독원과 협조하여 당신의 계좌를 수사한다며 전화를 하고 내일 서울 ○○구 ○○동 ○○번지에서 만나자."라고 한다. 피해자가 사회 초년생이라 사회 물정을 모르므로 범인들이 계속 전화로 시키는 대로 하고 지방에서 올라오는 경우도 있었다.

이렇듯 범죄꾼들은 상시 바쁘거나 대출을 해준다거나 아니면 무슨 이유이든 은행이율이 더 좋은 곳으로 갈아타라는 등 온갖 수법을 가지고 돈을 빼가려고 하는 것이다.

여러분의 지인이나 친척 또는 회사의 사람들이 피해를 입은 경우가 있을 수 있을 것이다. '의심이 최선의 예방이다'라는 말이 있고 또 국가기관은 절대 '돈을 어디에 가지고 오세요, 어디 갔다가 두어야 안전합니다.'라는 등의 말을 하지 않는다. 혹시나 할 때는 무시가 최선이지 않을까? 요즈음은 방송에서도 많이 알려주는데 당하기도 한다.

사람들은 자기가 당하지 않았으니까 '왜 보이스피싱이나 사기를 당하지?'라고 생각할 것이다. 정신이 없을 때, 설마 하다가 방심하면 사고가 일어난다. 그럼 보이스피싱을 당하지 않으려면 어떻게 해야 될까? 한 번 더 고민도 해보고, 은행 갔을 때 은행 직원에게 상담도 해보고 계좌번호나 비밀번호 관리, 저장을 어디에 해두는지 확인해야 한다. 인터넷뱅킹을 할 때 또는 핸드폰이나 컴퓨터에 앱을 설치할 때나 주식거래 하는 사람은 주식거래 등 많은 부분에 대하여 확인하여야 한다.

보이스피싱 같은 사기범죄도 나이가 많은 분들뿐만 아니라 젊은 층들에게도 나타나며 사기꾼들이 접근하여 돈을 빼어가려 한다. 지인들과 돈거래를 할 때 피해를 입지 않도록 돌다리도 두드려보고 건넌다는 속담이 있듯 꼼꼼히 확인해야 피해를 당하지 않는다.

형법 제347조(사기)

① 사람을 기망하여 재물의 교부를 받거나 재산상의 이익을 취득한 자는 10년 이하의 징역 또는 2천만 원 이하의 벌금에 처한다.

② 전항의 방법으로 제삼자로 하여금 재물의 교부를 받게 하거나 재산상의 이득을 취득하게 한 때에도 전항의 형과 같다.

형법 제347조2(컴퓨터등 사용사기)

컴퓨터 등 정보처리장치의 허위의 정보 또는 부정한 명령을 입력하거나 권한 없이 정보를 입력·변경하여 정보처리를 하게 함으로써 재산상의 이익을 취득하거나 제3자로 하여금 취득하게 한 자는 10년 이하의 징역 또는 2천만 원 이하의 벌금에 처한다.

형법 제348조(준사기)

① 미성년자의 지려천박 또는 사람의 심신장애를 이용하여 재물의 교부를 받거나 재산상의 이익을 취득한 자는 10년 이하의 징역 또는 2천만 원 이하의 벌금에 처한다.

② 전항의 방법으로 제삼자로 하여금 재물의 교부를 받게 하거나 재산상의 이익을 취득하게 한 때에도 전항의 형과 같다.

08

얼굴에 침 뱉기, 멱살 잡이도
폭행이 될 수 있다

조그마한 일이 시비가 되어 다툰다

수많은 사람이 생활하다 보면 내가 원치 않게 피해를 보는 경우도 있을
것이다. 지하철에 서 있는데 내 앞에 앉아 있는 사람이 자리에서 일어섰
다. 당연히 나는 바로 앞이라서 앉으려고 하는데 갑자기 그 자리를 다른
젊은 사람이 앉았다. 혼잣말로 기가 막힌다. 앉으면서 "내가 몸이 아프다."
아니면 어떤 말을 했으면 마음이 괜찮을 것인데 그냥 당연한 듯이 앉아버
렸는데 얘기를 할까 하다가 '말 못할 사정이 있겠지.' 아니면 '이해하기 곤

란한 사정이 있겠지.' 생각했다. 아니면 막무가내인 사람이다. 흔히 대부분의 사람은 진상이라는 사람을 피한다. 왜냐하면 득보다 실이 많기 때문일 것이다.

여러분은 이런 경우라면 어떻게 하는가, 이런 경우를 경험해보셨는지도 모르겠다. 나이가 많으신 어르신이나 몸이 불편하신 분이라면 당연히 앉아도 되는 경우라고 생각하지만 젊은 사람이 앉는데 어이가 없었다. 사소한 일이지만 기분이 불쾌했다. 어디 그런 일만 있겠는가? 무수히 많은 사람들이 거리를 다니다가 어깨를 부딪칠 수도 있다.

"미안합니다. 죄송합니다."

한마디를 하면 아무 일 없이 가는데 그런 말을 하지 않아서 시비가 되어서 싸움을 한다.

지하철에 앉아 있으면 사람들이 눈이 있으니까 상대방을 볼 수도 있는 것이다. 잘생겨서 보든 저 사람 옷이 내 스타일과 비슷하든 취향이 비슷하다고 하면서 볼 수도 있다. 그것은 개인 취향이니 문제가 되지 않는다. 상대방도 잠을 자거나 핸드폰을 보면서 가끔씩 눈이 피로하여 옆이나 위나 좌우로 보게 된다. 그러다 나와 눈이 마주치면 기분이 나쁠 수도 있고 금방 돌리면 되는데 상대방이 계속 쳐다본다. '어 어, 저 사람이 왜 나를 쳐다보지? 기분 나쁘게.'라고 생각하면 상대방도 그럴 수 있는 것이다. 여러분도 그런 일이 있지 않았는가, 사람이 눈이 있는데 볼 수도 있는데 괜히 시비가 될 수 있으니 눈이 마주치면 빨리 다른 곳으로 돌리면 되지 않는가?

열쇠, 하수구 막힘 같은 공사를 하는 철물점 형님이 있다. 안부도 물을 겸 배울 점이 많아 가끔 들어서 차도 마신다. 그런데 그날은 다른 사람이 못한 일을 맡겨서 경기도 안양에 간다는 것이다. 그때 어떤 나이가 약간 든 분이 계속해서 저를 보는 것 같았다. 순간 '저 분 왜 저러지? 어디서 봤던 사람이지?' 생각했다. 머리로 순간순간 재빨리 굴려도 생각이 나지 않았다. 혹시 이상한 분이 아닌가 하고 생각했다. 아니면 나를 기억하고 무엇을 물어보려고 하는 짧은 순간 별의별 일들이 떠올랐다.

내 옆에 있는 형님에게 "형님, 저 사람 왜 나를 쳐다보는지 모르겠네."라고 하자 그 형님이 이렇게 대답했다.

"그 사람은 너를 본 것이 아니라 출입문 가게에 붙어있는 방수, 누수전문 광고를 본거야!"

눈앞에 있는 사람과도 이렇게 생각이 다른데 자기 생각만으로 오해하여 상대방과 어떤 사소한 일로 인하여 목소리를 높인다. 조그마한 일로 다투기도 한다. 내가 참지 못하여 "왜 째려보냐? 내 얼굴에 뭐가 묻었나 ×발." 하고 욕설을 하거나 큰소리로 고함을 지르면 상대방도 참지 못하는 것이다.

직장 생활을 하다 보면 좋은 일도 있고 나쁜 일도 있을 것이다. 그래서 부서별, 팀별 아니면 마음에 맞은 분, 아니면 오랜만에 어릴 적에 같이 자란 친구들을 만나서 술이나 한잔한다. 자기와 멀리 있으면 중간 지점에서 퇴근 후 만나서 저녁 식사 겸 술을 한잔하는 것이 보통 사람들이 하는 회식이나 모임이다. 술을 먹다 보면 테이블이 좁은 곳도 있고 넓은 곳도 있고 천차만별이다.

처음에는 조용히 얘기를 하다가 술이 어느 정도 들어가면 목소리가 높아진다. 어떤 모임이나 회식을 가도 그럴 것이다. 연인끼리 있는 분도 있고 가족끼리 있는 분들도 있고 음식점이야 남녀노소 전부 오는 곳이 아닌가? 그러다 보니 술이 약간 과해진 쪽에서 목소리가 너무 크면 옆 테이블은 신경 쓰인다. 앞에 있는 사람과 대화도 나누고 싶은데 저쪽에서 너무 떠들어서 기분이 좋지 않다. 그래서 "왜 쳐다보세요?"라고 공손히 얘기하면 "아, 아닌데요." 한마디하면 되는데 "왜 째려봐?" 하고 반말을 하면 어떻게 되겠는가? 옆에 가족이랑 자식들이 있다면 그 자리를 뜰 수도 없다.

어떤 때는 젊은 사람들이 "거, 좀 조용히 먹읍시다."라고 얘기하는 경우도 있다. 반면에 음식점 주인 사장에게 "저분들이 너무 떠들어 음식이 넘어가지 않습니다."라고 조용히 말을 하는 사람도 있다.

가는 말이 고와야 오는 말도 곱다

누구든지 어떤 사소한 일로 싸운다. 나중에 지나고 나서 왜 싸웠느냐고 물어보면 이렇게 말한다. 저 사람이 어깨를 부딪쳐서, 째려봐서, 더럽게 바닥에 침을 뱉어서, 담배 연기 때문에, 무시하는 것 같아서…. 이렇게 사소한 이유를 댄다. 싸움의 원인이야 여러 가지 있을 수 있다. 하지만 지나고 나서 생각해보라. 아무것도 아니다. 무시하는 것을 볼 수도 없고, 내가 먼저 사과하면 저쪽에서도 받아줄 것이다. 자존심이 돈으로 보면 비싼 것인가? 좋은 말이 가야 좋은 말이 오는 법이다.

사과도 진정성 없이 불량한 태도로 "미안해요."라고 말하면 진정성이 없다. 입장을 한번 바꾸어놓으면 그때는 뉘우칠 것이다. 싸움하고 난 뒤 "네가 잘했니, 내가 잘했니?" 따져봐야 똑같다. 저울로 재면 아마 무게가 같이 나올 것이라 생각하지 않는가?

신고출동을 받고 현장에 가면 싸움을 한 사람은 2명인데 구경하는 사람들, 지나가는 사람들이 매우 많다. 어떻게 된 것인지 자초지종을 들어보면 "저 사람이 째려봐서 내가 왜 째려보느냐고 하다가 서로 실랑이가 되어서 멱살을 서로 잡고 밀고 넘어뜨리고, 분이 안 풀려 침을 저 사람 몸에 뱉었다. 그러니까 저 사람도 자기가 신고 있던 신발을 나를 향해 집어 던졌다." "저 사람이 먼저 그래서 나도 그랬다."라는 등 서로 흥분되어 서로 잘못이 없다고 하기 일쑤다.

출동경찰관이 술도 먹었으니 서로 다친 데 있는지, 상대방의 처벌을 원하는지, 정중히 물어본다. 한 사람이 '안 된다. 나 저 사람 처벌을 해달라'고 한다. 일행이 있으면 더욱더 흥분해서 말리는 분도 지쳐 있는 경우도 있다. 그 일행분이 그냥 자기 일행에게 가자고 몇 번 달래도 보고 해도 안 된다는 것이다. 꼭 처벌을 해야 한다는 것이다. 이럴 때 경찰관이 다시 처벌의사도 묻고 기분 좋게 마셨으니 서로 화해하고 가라고 해도 막무가내이다.

사람을 꼭 때려야만 폭행이 되는 것은 아니다. 판례에는 사람을 밀치는 행위, 멱살을 잡고 흔드는 행위, 침을 뱉는 행위, 머리카락을 자르는 행위, 물건을 사람을 향하여 던지는 행위 등 모든 정황을 보고 폭행으로 본다는 것을 알아야 한다. '왜 내가 폭행죄의 현행범인으로 되느냐', '내가 뭘를 잘

못했느냐, '나는 잘못이 없다'고 할 것이 아니라 출퇴근할 때 아니면 시간

이 있을 경우 인터넷에 검색해보면 어떤 것이 폭행죄가 되는지, 경찰관의

조치에 어떻게 해야 되는지를 생각해보면 어떨까?

형법 제260조(폭행, 존속폭행)

① 사람이 신체에 대하여 폭행을 가한 자는 2년 이하의 징역, 500만 원 이하의 벌금, 구류, 과료에 처한다.

② 자기 또는 배우자의 직계존속에 대하여 제1항의 죄를 범한 때에는 5년 이하의 징역 또는 700만 원 이하의 벌금에 처한다.

③ 제1항 및 제2항의 죄는 피해자의 명시한 의사에 반하여 공소를 제기할 수 없다.

형법 제261조(특수폭행)

단체 또는 다중의 위력을 보이거나 위험한 물건을 휴대하여 제260조제1항 및 제2항의 죄를 범한 때에는 5년 이하의 징역 또는 1천만 원 이하의 벌금에 처한다.

형법 제262조(폭행치사상)

전2조의 죄를 범하여 사람을 사상에 이르게 한때에는 제257조 내지 제259조에 의한다.

09

섣부른 호기심 때문에 인생 망친다

누구나 호기심이 있다

나는 어떤 것에 관심이 있을까? 모험심이 있으며 남들보다 빨리 어떤 것을 습득하려는 욕심이 많다. 공부든 연구든 그 무엇이든 호기심이 좋은 것에 쓰이면 아무런 문제가 없다. 그러나 어릴 적에는 나도 아직 가치관이랄까 목표 같은 것이 주어지지 않았던 시절, 옆에 있는 친구가 "야, 살구나 따먹자!" 하고 부추기면 "그래." 하며 동조한 적이 있을 것이다.

예전에는 그것이 통했다. 주인이 같은 동네 사람이고 걸리면 "이놈의 자식들!" 하고 혼났는데 돌아가신 우리 아버지는 남의 물건에 손을 대면 나무작대기 회초리를 가지고 종아리를 걷어 내가 옷을 붙잡고 있으면 매를 때리셨다. 혼이 나야 다시는 그런 일을 하지 않기 때문이었다.

세상을 살다 보면 이런 친구 저런 친구가 있기 마련이다. 중학교 다닐 때 한 친구가 "우리 오토바이 한번 타볼래?" 하고 제의하면 나도 타보고 싶은 욕심에 응했다. 친구 아버지가 방앗간을 해서 오토바이를 가지고 있었는데 그 당시 100cc였다. 그 친구 아버지가 집에 있지 않고 놀러갔을 때 마당에 세워둔 오토바이의 시동을 걸어 직진은 그냥 가기만 하면 되니까 괜찮은데 십자도로에서 우회전을 해야 하는데 커브를 틀지 못해 논바닥으로 가는 것이 몇 번 있었다. 그러다가 또 다른 친구가 오토바이를 가지고 있어 한 번만 타보자 해서 빌려주었다. 그때도 직진을 하다가 커브를 완전히 틀지 못해 도랑에 처박고 오토바이 뒤에 탄 내 친구가 내 등 뒤에 올라 있는 일도 있었다.

지금 생각해보니 얼마나 아찔하고 무모한 행동이었는가를 알게 되었다. 그 당시만 해도 차도 시골에 별로 없었고 사람들이 다니지 않아서 다행이었다. 이렇듯 누구나 다 청소년기를 겪는다. 호기심 많은 사춘기에 운전이든 관심을 가지고 행동하기 때문이다. 이렇듯 호기심 때문에 사고로 이어지게 되는 경우가 있으므로 주의해야 한다.

사춘기 시절 누구나 호기심이 많다. 그러나 그것이 죄가 되면 문제는 달라질 수 있다. 그렇지 않은가? 누구나 흔히 있는 일은 아니지만 급하다 보면 지갑이 버스나 지하철 아니면 도로에 떨어져 있으면 어떤 마음이 드는가? 지갑 안에 돈이 있으면 그것도 5만 원짜리 지폐가 많이 있다고 하면 어떤 마음일까? 또 그 지갑을 아무도 보지 않았다면 어떻게 해야 할 것인가? 인근 경찰서나 파출소에 가져다줄 것인지 아니면 아무도 없으니까 그냥 현금을 쓸지 별의별 생각이 다 교차할 것이다. 다른 사람의 주민등록증을 가지고 인터넷에 이상한 곳에 가입하든가 아니면 나쁜 의도를 가지고 사용하기도 한다.

설마 하고 사람들은 주민등록증 분실신고를 하지 않는다. 야간이라 주민센터 가기도 그렇고 다음에 시간 나면 신고해야지 아니면 분실이 어떻게 되었는지도 모르는 경우도 있다. 카드와 같이 주민등록증을 잃어버리면 카드 분실신고는 하지만 주민등록증을 신고하는 것을 사람들은 쉽게 생각한다. 운전면허증도 잃어버리면 가까운 경찰서나 파출소, 지구대에 신고하면 되는데 나중에 해야지 하고 미루다가 낭패를 겪는 일들도 있다.

이런 일도 있었다. 다른 사람이 잃어버린 면허증을 가지고 호기심 많은 중학생들이 렌터카 회사에 가서 차를 빌려 렌터카를 타고 이리저리 돌아다니다가 다른 친구들에게 또 렌터카를 넘기고 또 렌터카를 받은 친구는 돈을 렌터카 회사에 입금하면 되니까 계속해서 차를 끌고 다니면서 가속이나 신호위반 등 교통규칙 위반을 일삼다가 운전 부주의로 사고가 일어난다. 나이 어린 학생들이 호기심에서 차량을 빌려 일어날 수 있는 일이다.

요즈음 중학생들은 키도 크고 성인같이 보이는 덩치가 있는 학생들이 있다. 소규모 영세 렌터카 회사가 자기 이익에만 눈이 어두워 면허증의 사진이나 이런 것을 자세히 확인 안 한 부분도 있지만 어쨌든 호기심으로 인한 학생들은 무면허로 차를 운전하여 차량 위반한 것은 물론 차량 사고가 나서 남을 다치게 하든가 다른 사람들의 물건이나 건물, 차량을 부딪치고 가든가 아니면 손해를 끼치면 이를 물어줘야 하는 경우에 그 부모들이 이를 처리해야 하는 일이 벌어지면 엄청난 손해를 끼치는 것이다.

얼마 전에도 뉴스에서 나이 어린 학생들이 아르바이트를 하는 대학생을 차량으로 쳐서 사망한 일도 있었지 않았는가? 그로 인해 힘든 피해자의 가족을 한번 생각해보라.

나뿐만 아니라 부모들이 자식과의 대화가 많지 않다고 본다. 자식이 어떤 생각을 가지고 있는지, 또 나도 어릴 적엔 우리 부모님이 내가 잘되라고 많은 꾸지람이나 잘못된 것을 지적하면 "내 일은 내가 다 알아서 하니까, 걱정하지 마세요."라고 말했다. 그게 엊그제 같은데 자식을 키워보니 나 또한 자식과의 대화가 많은 편이 아니었다. 사실 거의 없는 편이라고 솔직히 말하고 싶다. 직장 생활을 하다가 동료나 지인들과는 얘기를 잘하지만 자식이나 아내와는 사실 많이 소홀했던 것이다.

어떤 부모가 자식이 사고나 치면 기분이 좋겠는가. 그러다가 자식이 친구들과 호기심에 어떤 일을 저지르면 "우리 아들 내 자식은 절대 그런 일을 저지르는 아이가 아니다. 뭔가 잘못하고 있는 것 아니냐?"라며 항변하는 부모들이 있다.

세상에는 공짜가 없다

원래 사람들은 좋은 일보다 나쁜 일에 호기심이 더 많다. 세상에는 공짜가 없다. 공짜가 있다면 그것은 이상한 것이다. 의심해야 되는데 청소년들은 아직 사리판단 능력이 모자라는데 자신의 처지를 벗어나고자 하는데서 어떤 일이 벌어지는 것이다. 부모에게 혼나거나 아니면 가출하거나 하여 오갈 데가 없으면 나쁜 일에 빠지거나 아니면 성인들이 거미가 거미줄로 먹이를 유인하듯 덫을 놓는 것이다. 인터넷에서 채팅을 하다가 청소년들에게 공짜로 어떤 것을 주면서 쉽게 돈을 버는 방법이 있다면서 유혹하거나 꾀거나 하는 것이다. 사실 청소년이 친구의 집에 가는 것도 하루 이틀이지 누가 계속해서 반겨주겠는가? 그렇지 않다고 생각하지 않는가? 어떤 친구의 부모도 계속해서 친구를 데리고 오면 좋아하겠는가? 그래서 친구 사귀는 것도 부모가 유심히 보다가 "그런 친구와 사귀지 마라"라고 하는데 아들딸들은 그런 애가 아니라며 같이 동맹을 맺은 사이처럼 얘기하다가 나쁜 길로 걷는 경우도 있을 수 있다.

이런 일도 있었다. 돈이 궁핍한 청소년이 다른 사람들이 잃어버린 주민등록증을 주웠는데 이를 경찰서, 지구대, 파출소에 신고하지 않고 마치 자기들의 것처럼 행동하여 담배나 술을 사거나 아니면 청소년들이 추운 겨울날에 갈 데가 없으니까 잠을 잘 수 있는 곳인 여관이나 찜질방 같은 곳에 가서 잔다. 담배나 술은 아직까지 청소년에게 유해한 약물로 되어 있는 것이다.

학생들이야 호기심에 담배나 술을 구입하거나 음식점에서 술을 먹지만 담배를 판매하는 사람이나 음식점에서 호기심으로 주운 주민등록증이나 운전면허증으로 그 사용 용도를 벗어나 사용하면 음식점, 편의점 등은 술을 판매했다는 이유로, 담배를 판매했다는 이유로 엄청난 경제적 피해를 입는 것이다. 그들의 호기심으로 구멍가게나 음식점은 가게 임대료도 내야 하고 또 이를 어겼기 때문에 벌금도 내야 하고 장사도 안 되어서 요즈음 이중삼중으로 고통을 받는 것이다. 만약 여러분의 형제가 담배 가게를 한다면, 아니면 여러분의 친척 아니 친구네가 음식점을 하다가 이런 경우를 당하였다고 가정하면 여러분의 마음은 어떠하겠는가? 이처럼 호기심에서 하는 행위들이 남에게 엄청난 고통과 피해를 입힐 수 있다고 생각하지 않는가?

자식들에게 어떤 것을 가르쳐야 할까 한 번쯤 고민도 해보고, 부모와 자식 또는 형제간에 어떤 것을 나누어야 할지 한 번 더 생각해보면 어떨까 싶다. 청소년뿐만이 아니다. 성인들도 요즈음 뉴스에 등장했던 n번방 사건처럼 호기심으로 인해 남의 인생을 망치는 것은 물론 자기 자신도 망칠 수 있다는 것을 유념해야 되지 않을까?

유실물법 제1조(습득물의 조치)

① 타인이 물건을 습득한 자는 이를 신속하게 유실자 또는 소유자, 그 밖에 물건회복의 청구권을 가진 자에게 반환하거나 경찰서(지구대·파출소 등 소속 경찰관서를 포함한다. 이하 같다) 또는 제주특별자치도의 자치경찰단 사무소(이하 "자치경찰단"이라한다)에 제출하여야 한다. 다만, 법률에 따라 소유 또는 소지가 금지되거나 범행에 사용되었다고 인정되는 물건은 신속하게 경찰서 또는 자치경찰단에게 제출하여야 한다.

청소년보호법 제28조(청소년 유해약물 등의 판매·대여 등의 금지)

① 누구든지 청소년을 대상으로 청소년유해약물 등을 판매·대여·배포(자동기계장치·무인판매장치·통신장치를 통하여 판매·대여·배포하는 경우를 포함한다)하거나 무상으로 제공하여서는 아니 된다. 다만, 교육·실험 또는 치료를 위한 경우로서 대통령령으로 정하는 경우는 예외로 한다.

COMMON

SENSE

OF LAW

5장

법에 당하지 않고 120% 법을 이용하는 비결

01

법에 당하지 말고 법을 이용하라

법은 우리 생활 가까이에 있다

법은 왜 만들어놓았을까? 이런 생각을 해본 적은 없는가? 이 말을 듣고 여러분은 어떤 대답을 하겠는가? 반대로 법이 없었다면 어떻게 되었을까? 참 어려운 질문인 것 같다고 보지 않는가? 사람들이 아무렇게나 생각하고 생활한다면 속된 말로 개판이 될 것이다. 아무데나 휴지 버리고 소변 보고 담배꽁초 버리고 난리가 날 것이다. 그래서 질서가 있는 것이 아닐까 한다. '이렇게 해라, 저렇게 해라' 하지 않아도 마음속으로 버리면 안 된다는 것을 익히 습득해 알고 있는 것이다. 그런데 우리 눈에 공기도 보이지 않고 양심도 보이지 않는다. 공기가 보이지 않는다고 많이 마셨다고 뭐라고 하는 사람이 없다. 또 양심을 속였다고 사람의 얼굴 밖으로 쓰여 있지 않는다. 단지 그 사람의 마음속에 있을 뿐이다. 그런데 역시 눈에 잘 보이지 않는 법을 잘 몰랐다면 어떻게 될까? 사람 사는 곳에 세금이 있듯이 법에도 기간이 있다. 그 기간 내에 내야 한다. 내지 않으면 가산금이 붙는다. 그것도 내지 않으면 어떻게 되겠는가?

법과 우리 생활은 가까이 있다. 우리가 매일 밥 먹고 커피 마시고 공기 마시듯 우리 일상생활에 편리한 것이 많다. 전기도 내가 생산하지 않고 사용하고, 쌀도 내가 직접 농사짓지 않고 밥을 해서 먹는다. 법이란 것도 미리 알면 손해를 보지 않는다. 여러분이 집을 지었는데 창문에 장마철에 비가 내치면 빗물이 다 들어온다고 가정해보자. 그러면 비막이막을 설치해야 하는데 어디까지 괜찮은지 물으면 구청 공무원이 친절하게 알려준다. 만약 내 멋대로 했다가 옆집 사람이 불법건축물로 신고하면 구청에서 빨리 원상 복구해놓으라고 할 것이다. 또 이마저도 하지 않는다면 철거명령이나 이행강제금을 부과하게 될 것이다. 계속해서 안 하면 어떻게 되는지 상상해보라.

지금은 정보의 홍수시대에 살고 있다. 그것을 어떻게 이용하는지는 내가 알아야 되는 것이다. 누가 나의 일을 대신 해주지 않는다. 자신이 직접 찾아보고, 또 물어보면 친절히 알려준다. 이사를 하면 주소 이전은 며칠 내로 해야 하고, 부모님이 돌아가시면 어떻게 해야 하는지 지금 살고 있는 주민센터에 문의하면 상세히 알려준다.

여러분이 혹은 부모님이 퇴직하여 전원생활을 하기 위해 집을 짓거나, 펜션이나 수익이 나는 것을 짓는다고 가정해보자. 건축허가대로 공사를 하는지도 알아야 한다. 또 건축승인 후 수익을 올리려고 증축을 하기도 한다. 또 허가업체가 아닌 사람이 전기시설이나 보일러를 설치했다가 간혹 사고가 나기도 하지 않는가? 사고가 발생하면 당시 건축을 제대로 하였는지, 불법건축물이 있었는지, 전기, 설비, 가스 등을 허가업체에서 하였는지 경찰서와 소방서가 합동 조사를 한다. 당시 제대로 공사를 했다면 사고가 나지 않았을 수도 있지 않은가, 또 전기시설 전문가가 하였다면 합선이나 기타 전선으로 인한 사고가 일어나지 않았을 게 아닌가?

2020년 1월, 가족여행 갔다가 펜션 화재로 목숨을 잃은 사고가 일어났다. 경찰은 지난해 조리용 연료시설을 가스레인지에서 전기시설인 인덕션으로 교체하는 과정에서 LP가스 배관 마감처리를 제대로 하지 않아 가스가 누출돼 폭발이 발생한 것으로 추정하고, 건축물대장에 해당건물이 펜션이 아닌 근린생활시설 및 다가구주택으로 분류된 것에 대해서도 여러 가지를 수사하고 있다고 했다.(참고자료: "아들 잃은 셋째 위로하려 5자매설 가족여행 왔다가… 4자매 등 6명 숨져", 〈조선일보〉, 2020.1.27.)

경찰서, 소방서 등 공공기관은 언제든 활용해도 될까?

유아들은 부모가 잠시 한눈 깜빡하는 사이 사라진다. 호기심 많은 아이들이라 가만히 있지 못한다. 부모가 잠깐 볼일을 보려고 '괜찮겠지.' 아니면 '여태껏 아무 일 없었는데.' 하고 있다가 아이가 사라진다. 금방 있었던 곳이라 주변을 아무리 찾아봐도 없다. 아이들은 호기심에 주변을 보다가 그냥 걸어 다니기 때문이다. 사람들은 자기 일이 아니면 신경 쓰지 않는다. 아이가 운다면 사람들이 보고 아이에게 간다. 그런데 아이가 울지 않고 여기저기 돌아다니면 부모는 계속해서 찾는다. 어린아이가 엄마, 아빠 전화번호를 알면 주위사람들이 찾아주기도 한다. 그런데 아이도 갑자기 주위에 엄마, 아빠가 없으면 이름과 전화번호를 모를 수도 있다. 긴장하거나 갑작스런 일이 일어났기 때문이다. 여러분은 이런 적이 없는가?

26년 전의 일이다. 빌라 2층에서 살았다. 어린아이들이 밖에서 노니까 18개월 정도 된 아들이 놀려고 계단을 내려가서 아이들과 놀았다. 아내는 부엌에서 일하다가 아이 소리가 안 들려 계단을 내려갔다. 아이가 없었다. 다른 아이들은 우리 아이보다 약간 커서 다른 곳으로 뛰어갔다. 우리 아이가 따라가다가 뒤돌아서 집으로 다시 오고 있었다고 한다. 아내는 그 생각만 하면 간이 떨어질 정도로 두렵다고 했다. 그 이후 한 차례 더 아이가 없어졌다. 인근 아이 친구 엄마와 주변을 찾았다고 한다. 그러다 보니 아이가 우리 집 출입문을 두드리며 울고 있었다고 했다. 그 생각만 하면 지금도 아찔하다고 한다. 아이는 순식간에 부모 눈에서 사라진다. 추억이 되었지만 아이를 키우는 부모의 입장을 지금은 잘 이해한다. 그 당시는 잘 몰랐다.

지금은 젊은 부모들이 어린아이를 데리고 경찰서, 지구대, 파출소에 와서 지문 등록을 하고 간다. 가족관계증명서를 가지고 오면 지문등록을 해준다. 혹시나 아이를 잃어버리면 지문등록으로 금방 찾을 수 있도록 홍보되어 많은 분들이 알고 있다. 언제든지 지문등록을 해준다. 또 전 세계적으로 지금은 코로나 때문에 경제 상황이 좋지 않은 것은 다 알 것이다. 사업하는 분들이 힘들다고 말한다. 또 어떤 개인적인 생활 때문에 힘들어 하는 경우도 있을 수 있다. 여성의 전화, 쉼터, 관공서 민원상담실, 112, 182, 119 찾아보면 많다.

사람은 여러 사람들이 모여 공동체를 이루고 살고 있다. 살다 보면 힘들고 지친다. 자세히 찾아보면 주변에서 도움을 받을 수 있는 곳이 의외로 많다. 24시간 운영하는 곳도 있다. 고용, 취업, 창업 문제, 직장 내 괴롭힘, 직장 내 성희롱, 성차별 문제, 근로조건 개선, 노사관계 문제 등도 있을 수 있다. 고용노동부에서 상담을 신청하고, 24시간 운영하며 경찰서, 소방서, 구청 등 도움을 주는 곳도 있는데 많은 부분 잘 모를 것이다. 언제든 열려 있는 관공서 등을 이용해야 일상생활 하는데 도움이 되지 않을까?

건축법 제11조(건축허가)

① 건축물을 건축하거나 대수선하려는 자는 특별자치시장·특별자치도지사 또는 시장·군수·구청장의 허가를 받아야 한다. 다만, 21층 이상의 건축물 등 대통령령으로 정하는 용도 및 규모의 건축물을 특별시나 광역시에 건축하려면 특별시장이나 광역시장의 허가를 받아야 한다.

건축법 제14조(건축신고)

① 제11조에 해당하는 허가 대상 건축물이라 하더라도 다음 각 호의 어느 하나에 해당하는 경우에는 미리 특별자치시장·특별자치도지사 또는 시장·군수·구청장에게 국토교통부령으로 정하는 바에 따라 신고를 하면 건축허가를 받은 것으로 본다.

건축법 제15조(건축주와의 계약 등)

① 건축 관계자는 건축물이 설계도서에 따라 이 법과 이 법에 따른 명령이나 처분, 그 밖의 관계 법령에 맞게 건축되도록 업무를 성실히 수행하여야 하며, 서로 위법하거나 부당한 일을 하도록 강요하거나 이와 관련하여 어떠한 불이익도 주어서는 아니 된다.

건축법 제79조(위반 건축물 등에 대한 조치 등)

① 허가권자는 이 법 또는 이 법에 따른 명령이나 처분에 위반되는 대지나 건축물에 대하여 이 법에 따른 허가 또는 승인을 취소하거나 그 건축물의 건축주·공사시공자·현장관리인·소유자·관리자 또는 점유자(이하"건축주등"이라 한다)에게 공사의 중지를 명하거나 상당한 기간을 정하여 그 건축물의 해체·개축·증축·수선·용도변경·사용금지·사용제한·그 밖의 필요한 조치를 명할 수 있다.

02

내용증명서 쉽게 보내는 방법

내용증명을 왜 보낼까?

내용증명서를 왜 보낼까? 생각을 해본 적이 있는가? 친구 간의 돈 거래,
사업상 거래, 공사 관계나 부동산계약불이행, 또 이웃 간 소음이나 누수,
돈 문제 등 어떤 문제가 있어 보낼 것이다. 약속을 잘 지키는 사람들이 많
다. 거꾸로 약속을 잘 안 지키는 사람들도 있다. 그렇기 때문에 속상해 하
다가 어떻게 할지 고민하다가 법적으로 가기 전에 내용증명을 보낸다고
한다.

세상살이가 상식이 통하는 사람이 있고 또 상식이 안 통하는 사람이 있다. 여러 사람들이 살다 보니 어쩔 수 없는 것이다. 내 생각과 같이 남이 나를 생각해주지 않는 일들도 있다. 법으로 해결하기 전에 말로 통하고 상식선에서 끝나면 좋겠지만 그것이 안 되어서 고민 끝에 내용증명이라는 것을 보낸다고 생각한다.

돈을 준다고 해놓고선 내일 준다. 모레 준다…. 상대방이 차일피일 계속해서 거짓말을 한다. 공사대금이나 물품을 가져가고 난 뒤 함흥차사다. 땅 팔아서 장사하는 것도 아닌데 몸에서 열불이 난다. 받을 사람은 이렇게 달래보고 저렇게 달래보기도 한다. 미꾸라지처럼 요리조리 빠져나가는 상대방이 밉기는 한데 아는 처지이면 속된 말로 환장한다. 나는 속이 타 죽겠는데 상대방은 잘도 돌아다닌다는 소리가 들리면 스트레스가 장난이 아니다. '저걸 어떻게 하지.' 속으로 금방 어떻게 법으로 할까 고민도 할 것이다. 백방으로 알아보다가 내용증명서를 보내기로 결심을 한다. 혹시 여러분 지인들 중에 이러한 분들이 있을 수 있지 않을까?

층간소음을 겪어본 적이 있는가? 잠을 자려고 누웠다. 다다다당, 콩콩콩, 밤늦게 마늘 찧는 소리, 쿵쿵쿵 발자국 소리, 뛰어다니는 소리, 문을 쾅 닫는 소리, 밤늦게 애완견이 짖는 소리, 기타 소리, 스피커 소음, 지나치게 큰 목소리 등 많다. 다세대 주택이나 아파트 등에 살면서 층간소음을 겪는 사람들이 가끔 있다. 소리가 위층에서도 날 수 있고, 아래층에서 날 수도 있다고 한다. 소음은 노인이나 임산부, 입시시험을 준비하는 학생들에게 민감한 일인 것이다. 그렇다고 매일매일 올라가거나 내려가서 얘기할 수도 없는 일이다. 아파트 관리실에 연락하기도 한다. 때때로는 소음을 못 참는 사람들은 경찰에 신고하기도 한다.

2020년 8월, 법원은 층간소음 문제로 벌어진 손해배상 소송에서 총 3000여만 원을 배상하라는 판결이 있었다. 인천의 한 아파트에 이사 온 A씨 부부는 이사 온 다음 날부터 아래층 B씨 부부로부터 층간소음으로 수십 차례 경찰 신고를 당했다. 하지만 A씨 부부는 소음을 낸 사실이 없었다. 오히려 한 달 후부터 아래층에서 헤비메탈 음악 소리, 항공기 소리, 공사장 소리 등 일부러 소음을 내는 것으로 추정됐다. 견디지 못한 A씨 부부는 불안장애, 우울증 진단을 받은 후 다른 곳으로 이사를 갔고 B씨 부부를 상대로 손해배상소송을 냈다.

당시 B씨 부부는 소음을 부인하며 오히려 A씨네가 층간소음을 냈다고 주장했다. 하지만 재판에서는 B씨네 집에서 소음과 진동이 들려왔다는 이웃들의 진술이 있었던 점, A씨 신고로 출동한 경찰이 "출동 당시 소리가 들렸다."라고 진술한 점, 허위로 신고한 내역이 있었던 점 등이 인정되어 배상금에 이사 가서 낸 월세까지 배상하는 판결이었다.(참고자료:

"보복 층간소음 3,000만 원 배상… 이사 간 집 월세까지 물어내야", 〈조선일보〉, 2020.08.24.)

복잡하고 어려운 것은 법률 전문가에게 맡겨야?

내용증명서에 대하여 알아보았다. 내용증명 자체는 법적인 효력이 발생하는 것은 아니며 사실을 증명하는 목적으로 사용된다고 설명하고 있다. 내용증명을 작성 시 사실 관계에 따라 육하원칙에 맞추어 작성하면 되는 것이다. 개인 간의 손해배상청구, 계약해지 통보 등 민,형사상의 용도로 많이 사용되고 있다. 특별한 양식은 없으나 어떤 사실을 증명하기 위해 작성한 것으로 인터넷에서도 설명되어 있다.

다른 서류들은 법원이나 검찰청, 경찰서에 서류를 접수하지만 내용증명은 우체국에 접수하면 된다. 내용증명서는 3부를 작성하여 우체국에 간다. 우체국 담당자가 우편봉투의 주소와 내용증명서 주소가 일치하는지 확인한다. 도로명과 지번이 있는데 어느 것 하나로 통일해야 한다고 설명해줄 것이다. 우체국 담당자가 1통은 우편국 보관용, 1통은 발신하는 사람에게 주고, 1부는 수신인에게 배달하는 것이다. 등기 우편배달을 해야 수신인이 받았는지 알 수 있는 것이다. 우체국에서 3년 동안 보관한다고 하며, 재차 증명 받는 것이 가능하다.

민·형사 관계에 있어 금액이 적은 것은 본인이 작성하여도 된다고 생각한다. 그러나 큰 금액이거나 사실 관계를 본인이 증명하기 어려운 부분이 많을 것이다. 이럴 때는 법률 전문가의 도움을 반드시 받아야 나중에 내용증명서로 인한 피해를 입지 않을 수 있다. 다시 한 번 말하지만 내용증명서는 혼자서도 할 수도 있다. 그러나 보이지 않는 법의 부분이 있음을 생각해서 돈을 아끼려다 큰 것을 잃을 수 있으니 이해하기 힘든 부분은 법률 전문가의 도움을 받는 게 좋지 않을까?

사람이 몇 년을 살아도 엘리베이터에서 만난 확률은 많지 않다. 서로 소음이나 누수로 인하여 어떤 분쟁이 생기면 원수가 되는 것이다. 엘리베이터 올라가는데 둘이 탔다고 가정해보자. 내가 먼저 "안녕하세요. 날씨가 덥습니다."라고 얘기하면 엘리베이터 안이 훈훈하고 금방 올라간다. 그런데 아무 말 없으면 같은 엘리베이터 안의 온도도 쌀쌀할 것이다.

하물며 위, 아래층의 층간소음이나 누수로 피해를 겪고 있다면? 서로 입장 바꾸어보라. 도저히 참다못해 밤늦은 시간에 문을 두드리기도 한다. 내용증명을 발송해서 법대로 처리하자고 하는 경우도 있을 수 있다. 심한 경우 위층에서 소리 난다고 아래층에서 망치나 다른 것으로 치는 사람도 있었다. 또 가벼운 교통사고가 나면 그냥 가면 되는데 다른 사람들 얘기 들으면 병원에 누워야 한다고 한다. 만약 여러분이라면 어떻게 하겠는가?

내가 가벼운 교통사고를 냈다면, 당신 때문에 사고가 일어났으니 책임을 지라는 등 노발대발해야 하는 것인가?

2019년 5월, 층간소음 때문에 끔찍한 일어났다. 세종시 고운동 한 아파트 A(47)씨가 아래층에 사는 B(46)씨를 찾아가 흉기로 찔렀다. 주민이 복도에서 피를 흘리고 있는 B씨를 발견해 119 등에 신고했다. B씨는 중상을 입고 인근 병원으로 옮겨져 치료를 받고 있다. 경찰에 살인미수 혐의로 체포된 A씨는 층간소음을 범행 이유로 댄 것으로 알려져 정확한 사실관계를 수사 중이라고 말했다.(참고자료: "층간 소음 때문에 아파트 이웃에게 칼부림", 〈한겨레신문〉, 2019.05.05.)

너 나 할 것 없이 사람들이 개인주의로 나가면 양보가 없다고 생각한다. 같은 아파트 위, 아래 사는 사람들을 몇 번이나 보는가. 서로 양보를 약간씩 한다면 어떻게 될까? 더불어 사는 공간이 사회라고 생각한다. 내용증명서를 개인 간의 어떠한 문제로 보낸다면 금액이 적은 것은 본인 혼자 작성도 하겠지만 금액이 많은 것이나 이해관계가 복잡한 것은 눈에 잘 보이지 않는 위험이 있는 것이라 반드시 법률 전문가들의 도움을 받아야 되지 않을까?

민법 제750조(불법행위의 내용)

고의 또는 과실로 인한 위법행위로 타인에게 손해를 가한 자는 그 손해를 배상할 책임이 있다.

형법 제319조(주거침입, 퇴거불응)

① 사람의 주거, 관리하는 건조물, 선박이나 항공기 또는 점유하는 방실에 침입한 자는 3년 이하의 징역 또는 500만 원 이하의 벌금에 처한다.

② 전항의 장소에서 퇴거요구를 받고 응하지 아니한 자도 전항의 형과 같다.

03

관련 기관을 효율적으로 활용하라

사소한 일, 이런 일로 가도 될까?

가끔 근무하다 보면 퇴근 시간에 차량이 정체된다. 퇴근 시간이면 거의 같은 시간대에 퇴근하므로 많이 막힌다. 승용차든 버스든 한꺼번에 나가려다 보니 당연히 막히는 것이다. 차는 막히지 화장실은 가고 싶다. 나 또한 그런 적이 있었다. 근무하다 보면 화장실이 급하다고 오시는 분들이 있다. 급하니까 화장실 좀 쓰겠다고 한다. 당연히 얼른 쓰시라고 한다. 길을 몰라 오시는 사람들도 있다. 또 핸드폰으로 이상한 것이 온다며 오는 사람도 있고, 핸드폰 요금에 대하여 약정이 잘못되었다고 오는 사람도 있다. 젊은 경찰관들은 핸드폰 기능을 잘 알기 때문에 상세히 알려준다. 면허증 재발부를 받으려고 하는데 어떻게 해야 되느냐 물으러 온다. 대부분의 사람이 살아가면서 경찰서에 오는 경우는 거의 없을 것이다.

예전처럼 부모와 자식이 같이 사는 경우는 시대적으로 많이 변해서 많지 않다. 나이가 연로하신 분들도 자식들과 같이 사는 게 불편하신지 같이 살지 않고 가까이서 산다. 어느 날 나이가 80대 중반의 할머니가 길을 잃은 것 같다는 신고가 들어왔다. 자초지종을 들어보니 아들이 주말농장을 하는데 집에서 얼마 되지 않는다고 했다. 할머니는 아들의 주말농장에서 채소를 따오려고 했는데 아무리 가도 주말농장이 안 나오는 것이라는 것이다. 집이 경기도 부천인데 주말농장이 서울 경계 지역이라 계속 걸어서 서울까지 온 것이다. 다행히 할머니는 핸드폰을 가지고 계셔서 가족과 연락이 되었다. 2시간을 헤맸다고 했다. 가족은 우리에게 고맙다고 했다. 당연히 할 일이라고 전해주었고, 할머니에게 건강하시라고 인사를 했다.

이런 일도 있었다. 딸이 서울에 직장을 다니고 있는데 매일매일 전화도 하는 자식이라고 한다. 그런데 연락이 안 되어서 혹시나 싶어 신고를 했다고 한다. 지방에서 부모가 살고 있는데 어쩔 수 없어 도움을 청했다고 했다. 부모는 딸이 다니던 회사에 전화도 했는데 전화도 받지 않는다고

했다. 핸드폰 전화번호, 이름 등을 묻고 열심히 어디로 갔는지 찾아보았
다. 분명 이 근처인데 딸이라는 분은 핸드폰을 잃어버린 것도 모르고 친
구들과 모처럼 만에 식사와 가벼운 술 한잔 하며 담소를 나누고 있었다.
부모님이 연락이 안 된다고 했으니 빨리 전화해줘야 안심할 것이라 전해
주었다. 딸도 고맙다고 하고, 멀리 계신 부모님도 고맙다고 하였다.

사람들은 경찰서에 가면 이상하다고 느낀다. 나도 경찰이기 전에는 그
랬다. 그런데 경찰서 가는 일이 의외로 많다. 사람을 구조하게 되어 표창
이나 감사장을 받으러 가기도 한다. 청소년들이 주민에게 선행을 베풀어
상장을 받으러 가기도 한다. 범죄 신고를 하러 가기도 하고, 또 유치원이
나 초등학교 청소년들이 견학을 오기도 한다. 교통시설 관련 상담을 하러
오기도 하고 도로공사나 공공이익을 위한 시설물 공사 신고를 하러 온다.
겨울철 야생멧돼지 때문에 피해를 입어 수렵면허신고를 위해서도 온다.
사람들이 생각하는 만큼 범죄자들만 오는 곳이 아니다. 우리가 시청이나
구청에 갈 때와 마찬가지이다.

치매를 앓는 분이 만약 길을 잃어버리면 빨리 찾아주기 위해 지문등록
을 받고 있다. 그래야 치매가 있는 분을 발견하면 시스템으로 빨리 찾아
줄 수 있다. 이뿐만이 아니다. 18세 미만의 아동, 지적장애인, 자폐장애인,
정신장애인의 지문등록을 받고 있다. 아동 등은 화장실 또는 공원, 놀이

터에서 잠깐 한눈파는 사이에 잃어버리는 경우가 있다. 치매어른이 없어지면 애타게 찾는 경우도 보았다.

인간관계가 참으로 어렵다. 모든 사람이 지문이 다르다. 성격도 다 같은 사람은 없다. 살다 보면 가장 가까운 사람에게 상처를 받는 경우도 있다. 자신에게 상처를 주었던 사람이 가장 소중한 사람들일 수도 있다. 서로 약간의 거리가 있어야 좋은 점이 있다고 생각한다. 살면서 한 번도 말다툼 없이 살았다는 사람이 있다는 소리를 들은 적이 있다.

지인에게 있었던 일이다. 갑자기 연락이 안 된다고 하면서 울면서 전화가 왔다. 자초지종을 듣고 나니 서로 성격도 다른데 자기 고집대로만 하려는 것 같았다. 두 사람 다 양팔저울로 무게를 재어본다면 균형을 이룰 정도로 비슷하다고 느꼈다. 112경찰관이 집으로 출동하고, 화가 나서 나간 부분이 확인되었다. 싸움의 발단은 조그마한 것이었다. 서로에게 문제가 있는 것이라 몰랐던 것 같았다. 한동안 서로 옥신각신 '네가 잘났니. 내가 잘났니' 하면서 지냈다고 한다. 시간이 흐르고 점점 '왜 다투었지?'라며 화해하고 지금은 잘 지내고 있다고 한다. 벌써 한참 지난 추억이 되었다. 지금 그 얘기를 하면 웃으면서 '그때 왜 그랬지?' 한다.

평소에는 공기의 고마움을 모른다. 법도 마찬가지 아닐까?

평소에 우리는 공기의 고마움을 모른다. 매일매일 밥 먹듯이 숨쉬는데 밥을 먹고 난 뒤 "아 오늘 밥 잘 먹었다."라고 한다. 그러나 이렇게 한 적은 있는가? "아 오늘 공기 잘 먹었어." 하는 사람은 여태껏 잘 보지 못했다. 등산을 가면 가끔 "와 신선한 공기, 많이 마셔" 하며 서로 웃고 고마움을 표현하는 것을 들었다. 지금이야 공기도 오염되어서 신선한 공기도 외국에서 판매한다는 얘기를 들은 것 같았다. 법도 마찬가지라고 생각한다.

나는 119의 도움을 3번이나 받았는데 사람 마음이 화장실 갈 때 마음과 갔다 왔을 때 마음 다르다는 옛말이 기억난다. 고향 선배가 김포에 밭이 있어 주말농장 하라고 빌려주셨다. 이른 봄에 선배의 경운기로 약간 비스듬한 곳을 갈다가 그만 경운기가 넘어졌다. 어떻게 해볼 도리가 없어서 119를 불렀고, 그 이듬해에는 경운기 운전 부주의로 큰 도랑으로 빠지는 것을 억지로 세웠다. 정말 위험했다. 논밭만 있는 곳이라 사람들의 왕래가 없었다. 하는 수 없이 김포소방서 신세를 졌다.

이번에는 그 선배님이 밭에 봉토를 하는데 커다란 포탄이 나왔다고 했다. 밭일 하다 말고 얼른 달려가서 보니 포탄이었다. 혹시나 터지면 큰일이다 싶어 재빨리 119에 신고했다. 112경찰차, 119구급대와 군 폭발물처리반이 나와 사실 관계를 확인하였다. 6 · 25 전쟁 때 사용되었던 불발탄이었다. 6년 전 일이다. 세월이 흐르는 물과 같이 참 빠르다. 김포소방서 소방관님들에게 감사 표시를 한다고 했는데 마음만 있을 뿐 행동을 하지 않았다. 빠른 시일 내에 꼭 가서 고마움을 전하겠다.

여러분이 살고 계신 곳에 경찰서 또는 소방서, 구청, 주민센터 등 관공서가 어디에 있는지 어떤 일을 하는지 알고 있는가? 직접 찾아가 궁금한 점을 물어보면 자세히 친절하게 안내해준다. 24시간 운영하는 경찰서, 소방서 등 여러분이 살고 있는 곳의 관공서는 언제든지 이용 가능한 곳이다. 그러니 알아두는 것도 좋은 방법이 아닐까 하는데 여러분의 생각은 어떠한가?

실종아동 등의 보호 및 지원에 관한 법률 제6조(신고의무 등)

① 다음 각 호의 어느 하나에 해당하는 사람은 그 직무를 수행하면서 실종아동 등임을 알게 된 때에는 제3조제2항제1호에 따라 경찰청장이 구축하여 운영하는 신고체계(이하 "경찰신고체계"라 한다)로 지체 없이 신고하여야 한다.

   1. 보호시설의 장 또는 그 종사자

   2. 「아동복지법」 제13조에 따른 아동복지전담공무원

   3. 「청소년보호법」 제35조에 따른 청소년 보호 · 재활센터의 장 또는 그 종사자

   4. 「사회복지사업법」 제14조에 따른 사회복지전담공무원

   5. 「의료법」 제3조에 따른 의료기관의 장 또는 의료인

   6. 업무 · 고용 등의 관계로 사실상 아동등을 보호 · 감독하는 사람

피해자의 입장에서 목소리를 내라

고민 없는 사람이 있을까?

사람은 각자 기질이 다르다. 약한 기질이 있는 사람. 강한 기질이 있는
사람이 있다. 어떤 상황이 생겼다면 어떻게 할까 고민을 많이 할 것이다.
아이를 키우는 부모 입장에서 아이가 다쳐서 집에 왔다면 그냥 대수롭지
않게 넘기자니 께름한 것 같고, '애들 키우는데 그럴 수도 있지 뭐.' 하고
생각할 수도 있는 것이다.

애들만이 아니다. 심지어 사회생활을 하는데도 시기하고 질투하고 하여 사실이 아닌데도 소문으로 피해자를 만들 수 있는 일들이 벌어지곤 한다. 나는 평상시와 같이 생활하고 있는데 질투하는 사람이 퍼트린 소문이 일파만파 퍼져서 대인관계를 이상하게 만드는 사람들도 있다.

듣는 사람 입장에서는 '그것이 사실이겠지.' 하고 듣는다. 남의 말이 사실인지 거짓인지 구별하지 않고 그냥 듣는 것이다. 또 꼬리에 꼬리를 물고 말이 퍼져나가는 것이다. 원래 남의 말을 흉보는 것은 발이 달리지 않는가? 거짓말을 하면 얼굴이 이상해지든가, 아니면 어떤 표시가 나면 남들이 알 것이지만 알 수 없는 것이다.

살아가면서 고민이 없는 사람이 있을까? 본인 문제일 수도 있고, 가족문제일 수도 있고, 형제문제 등 한 가지 고민은 있을 것이다. 혹시 그럴 수도 있다고 생각하지 않는가?

아이들 키우다 보면 별의별 일들이 있다. 유아원에서부터 유치원, 초, 중, 고 다닐 때까지 남자면 남자, 여자면 여자 할 것 없이 조그마한 문제는 하나씩 있었다. 요즈음은 CCTV가 있어 아이들이 다쳐서 오면 확인할 방법도 있지 않는가? 사람들이 사는 세상이다 보니 별의별 일들이 일어난다.

학생들도 마찬가지다. 짓궂은 학생도 있고 난폭한 학생도 있고, 마음이 여린 학생도 있고, 착한 학생도 있고, 남을 잘 돕는 학생도 있다. 전부가 다 잘 지내면 좋겠지만 어디 그런가. 조그마한 일들이 보이지 않게 일어난다. 여러분도 학교 다닐 때를 생각해봐라. 장난도 치고, 싸우고, 학교에 안 나오고, 지각하고, 조퇴하고, 아프고, 상장 타러가는 학생들이 있지 않았던가?

원래 아이들이 일어났던 일들을 말을 할 수도 있고 안 할 수도 있다. 지금 곰곰이 생각해봐라. 여러분이 학교 다닐 때 일어난 일을 부모에게 다 말했는지. 물론 하는 사람도 있다. 그런데 대부분은 미주알고주알 말하지 않을 것이다. 일어났던 일들을 괜히 부모에게 말하면 혼을 내지 않을까 해서 말을 하지 않는다고 본다.

유아원이나 유치원 때야 부모가 눈으로 아이의 몸을 보고 다쳐 있으면 어떻게 다쳤느냐 물어본다. 넘어져서 그랬다든가, 아니면 같이 노는 애가 밀어서 그런 것이라든가, 얘기해준다. 많이 다쳤으면 유아원이나 유치원에 가서 자초지종을 알아보고 어떤 얘기를 할 것이다. 부모 입장에서 상대방 아이가 장난으로 물건을 던졌어도 심하다 싶으면 어떤 얘기를 해야 하지 않겠나 생각할 것이다.

큰아들이 초등학교 다닐 때는 학교에서 노래도 부르고 춤도 잘 추고 잘 지냈다. 중학교도 문제없이 잘 지냈는데 고등학교 때 2번 다쳐왔다고 얘기를 들은 적이 있었다. 나는 '남자니까 애들이 그럴 수도 있지, 다 그렇게 크는 거야.'라고 생각하고 한 귀로 흘렸다. 그 당시 어떻게 된 거냐고 아내가 물었다. 장난치다가 문에 부딪혔다고 말했다. 또 한 번은 앞니가 살짝 부러져서 왔는데 그때도 장난치다가 그랬다고 했다. 지금 생각해보니 큰아들이 다른 아이에게 맞은 것 같았다.

그 당시 고등학교 때 큰아들이 머리가 가끔 아프다고 하여 학교에서 조퇴를 하고 병원에서 치료를 받았다. 아내가 얼마 전 큰아들이 아주 어렸을 때 계단에서 굴렀는데 그 당시 대수롭지 않게 생각해서 병원에 가지 않아서 그런 것인지 죄책감이 들었다고 얘기했다. '그 당시 아이에게 어떤 일이 있었는지 대화를 많이 해야 했는데.' 하고 뉘우침이 많았다. 아들의 마음에는 큰 상처가 있을 거라고 생각했다.

여러분은 가족과 많은 대화를 하는가? 사실 나도 거의 하지 않는 편이다. 누구든지 세상을 살면서 고민 없는 사람은 없을 것이라고 생각한다. 돈 많은 사람도 걱정, 돈 없는 사람도 걱정, 아픈 사람은 아파서 걱정, 장사하는 사람은 장사 안 되서 걱정, 말로 표현할 수 없을 정도로 걱정거리는 많을 것이다. 여러분은 어떤 걱정이 있는가? 있는데 어떻게 할까 고민

한 적은 없는가? 남에게 얘기하려니 두렵기도 해서 못 하고, 증거가 없을 것 같아서 못 하고, 혹시나 보복당할 수도 있기 때문에, 아니면 경찰서에 가는 것이 부담스러워서, 어떻게 해야 하는지 잘 몰라서 그럴 수도 있을 것이다.

아는 사람에게 사기를 당했다고 하면 '속는 놈이 바보다, 꼼꼼하지 않으니까 당하지.'라고 얘기를 한다. 그때의 상황과 장소에 따라 다르기 때문에 당하는 것이다. 경찰관도 당할 수 있고, 판사도 당할 수도 있다. 사람 일은 누구도 모른다.

용기 있게 목소리를 내야 하지 않을까?

피해를 당하는 일이 사람마다 다 다르다. 어떤 사람은 돈 사기를 당한다. 또 어떤 사람은 성추행이나 성폭행 같은 남들에게 말하기 힘든 피해를 당하기도 한다. 가정에서도 같이 한 이불을 덮고 자는 남편에게, 아내에게, 자식에게, 부모에게 피해를 당할 수도 있다. 누구에게 얘기하자니 창피하기도 하고 또 알게 되면 수군거리게 되는 것이 두려워 얘기하지도 못한다.

꼭 그러할까? 어디 가서 상담을 한번 받아야겠다고 생각한 적은 없는가? 누구에게 말 못 할 사연을 털어놓고 얘기해야 가슴이 뻥 뚫릴 것 같다는 생각을 해본 적이 있는가? 사실이지만 무엇을 실천하는 것이 보통 어려운 일이 아니다. 우리가 때로는 밥을 먹는 것도 귀찮을 때가 있지 않은가. 주변에서 어떤 피해를 당했다고 피해의 목소리를 용기 있게 내어서 고민을 해결하는 일도 많지 않은가?

2020년 9월, 디지털 교도소 측에 성범죄와 관련이 없는데 동명이인이라는 이유로 신상정보가 공개되는 피해를 보는 사례가 있었다. 이종격투기 선수인 김도윤 씨와 카톨릭 의대 채정호 교수도 명예를 훼손당하는 등 피해를 입어 경찰서에 수사의뢰를 하였다. 디지털 교도소 측은 잘못을 인정하고 사과한 뒤 신상정보를 삭제했으나 이미 허위 사실이 퍼진 이후였다. 경찰은 검거된 디지털 교도소 1기 운영자 등을 상대로 공범 여부 등을 종합적으로 수사할 예정이라고 하였다.(참고자료: "디지털 교도소 피해자들, 검거된 운영자 잇단 고소", 〈아시아경제신문〉, 2020.09.29.)

상황에 따라 누구든지 무슨 일을 당할 수 있다고 생각한다. 사고는 누구나 당할 수 있다. 병원에 가고 싶은 사람이 있겠는가? 물이 댐에서 샌다고 가정하면 빨리 원인을 찾고 그 부분이 새지 않게 해야 한다.

고민이 있든 말 못할 일들이 있다면 고민 말고 상담을 하라. 찾아보면 많다. 학교폭력상담센터, 청소년 꿈키움센터, 여성의전화, 성폭력상담소, 가정폭력상담소, 경찰서 등에 피해의 목소리를 내야 도움이 되지 않을까?

형법 제260조(폭행, 존속폭행)

① 사람의 신체를 상해하여 폭행을 가한 자는 2년 이하의 징역, 500만 원 이하의 벌금, 구류, 과료에 처한다.

정보통신망 이용촉진 및 정보보호 등에 관한 법률
제42조의2(청소년 유해매체물의 광고금지)

누구든지 「청소년보호법」 제2조제2호마목에 따른 매체물로서 같은 법 제2조제3호에 따른 청소년유해매체물을 광고하는 내용의 정보를 정보통신망을 이용하여 부호 · 문자 · 음성 · 음향 · 화상 · 또는 영상 등의 형태로 같은 법 제2조제1호에 따른 청소년에게 전송하거나 청소년 접근을 제한하는 조치 없이 공개적으로 전시하여서는 아니 된다.

05

법대로 하는 게
가장 빠르다는 것을 명심하라

습관은 하루아침에 바뀌지 않는다

누구나 다 현재 자신의 생활 패턴을 좋아한다. 만일 생활 패턴이 바뀐다면 두렵고 불편할 것이라고 생각할 것이다. 변화하는 것이 훨씬 쉽고 편리하다고 해도 사람들은 대부분 현실에 안주하려고 한다. 오래된 습관은 하루아침에 바뀌지 않는다. 작심삼일이라는 말도 있지 않은가?

얼마 전 인생을 구걸로 살아왔다는 보도가 있었다. 순찰을 돌다가 알게 된 이야기다. 조그마한 종교시설에 구걸을 하러 오면 몇천 원을 주었다고 한다. 그런데 계속 반복적으로 주기만 되면 온다는 것이다. 돈을 주지 않으면 아무도 없으면 소변이나 볼까 걱정도 해서 주었다고 한다. 종교시설에 있는 사람이라 주었다고 생각했다.

그런데 노숙자 같은 사람들은 장사를 하는 식당에서도 돈을 받아 술을 먹고 하였다. 그들은 돈을 주지 않는 곳은 가지 않았다. 주인 입장에서 한 번 돈을 준 것인데 상대방은 그렇게 생각하지 않는 것이 문제이다. 이들에게 습관이 되었다.

그까지 돈 천 원 주는 사람도 있을 수 있고, 또 불쌍하여 주는 사람도 있을 것이다. 어떨 때는 젊은 사람들이 일하지 않고 하는 짓이 얄밉기도 하다고 했다. 돈을 안 주자니 해칠까 두렵기도 하여 천 원 주는 게 낫다 싶어 주었다고 한다. 그들은 그 돈으로 술을 사먹는다. 다른 사람들은 열심히 일하는데 술 먹고 자기들끼리 싸우고 난동을 부리기도 한다.

목소리가 크면 무슨 일이 났는가 싶어 사람들이 쳐다보거나 구경하러 모인다. 자기 뜻대로 되지 않으면 일단 목소리를 높여 큰소리를 낸다. 시장에서, 주민센터에서, 어디서든 큰소리다. 큰소리를 내면 다 들어주기 때문에 그런 것일까? 속된 말로 떼를 부리는 것이다. 다른 사람들은 남의 일에 끼어들기 싫어하므로 그냥 지나가는 것이다. 그러니까 행패를 부리거나 난동을 부리는 사람은 늘 습관처럼 하는 것이다. 앞으로 그렇게 하지 마라. 여러분 곁에는 법이 있다. 신고를 하면은 언제든지 그런 행동을 못 하도록 제지하고 계도하고 한다.

또 여러분 혼자서 고민하지 마라. 누구든지 한 가지 문제는 있을 수 있다. 여러분 주위에, 지인, 친구가 건강이 좋지 않는 사람도 있을 수 있다. 또 아무에게도 말 못하는 어떤 문제도 있을 수 있다. 고민을 함께 나누고 문제도 같이 풀면 풀리는 것이다.

내 머리가 IQ 100이라 가정하자. 2명, 3명, 10명이 모이면 IQ가 얼마나 되겠는가? 각각 100이라고 가정하면 10명이면 전부 IQ 100인가? 그렇지 않고 200이 될 수도 있고 1,000도 될 수 있다. 그것은 아무도 모른다고 생각한다. 왜냐하면 내가 모르는 것은 상대방을 알 수 있고, 또 다른 사람들도 알 수 있기 때문이다.

혼자서 고민하다가 가족이나 다른 사람을 잃지 말고 주위에 도움을 청하라. 누군가는 반드시 도와주는 사람들이 있는 것이다. 어린아이가 배가 고프면 울어야 엄마가 젖을 준다. 울지 않고 가만히 있으면 엄마가 돌보지 않는다. 마찬가지로 문제가 있다면 다른 사람이 도와주고, 돕다 보면 어떤 문제도 술술 풀릴 수 있는 것이다.

2020년 2월, 소방청은 구급차에서 발생하는 폭행에 무방비로 노출되는 구급대원을 보호하기 위해 112(경찰)에 자동으로 신고 되는 비상벨을 단다고 한다. 현재 119 구급차는 운전사와 환자 처치 공간이 분리되어 있어 사이렌 소리에 폭행이 발생해도 알 수 없었다. 응급 이송 중 돌발 사태가 일어나면 구급대원이 비상버튼(Ⅰ)을 눌러 1차 경고방송을 하고 재차 위험이 있으면 다른 버튼(Ⅱ)을 누르면 119와 112 상황실로 자동 연결되는 시스템을 내년까지 설치한다고 하였다.(참고자료: "구급대원 폭행 막는다… 구급차에 112 자동신고 비상벨", 〈동아일보〉, 2020.02.05.)

1년에 구급차 안에서 폭행이 200건 가까이 발생한다고 한다. 시민들의 생명을 위해 불철주야 힘쓰는 구급대원을 폭행하면 안 된다는 사실을 알아야 되지 않을까?

찾아보면 좋은 제도가 많다

코로나로 전 세계가 몸살을 앓고 있다. 장사가 이렇게 안 되기는 처음이라는 분들이 많다. 사람들의 왕래가 없으니 그러할 것이다. 코로나 위험 때문에 가게도 손님도 다들 움츠리고 있는 것이다. 우리나라만 그러는

게 아니라 지구 전체가 코로나로 문제가 보통이 아니다. 사업하는 사람들도 수출도 안 되고 해외에 나갈 수도 없다. 장사하는 사람들도 손님이 없어 생계를 당장 위협받고 있다고 한다. 당구장, 노래방, 음식점, 탁구장, 싸우나 등 다들 힘들고 지쳐 있다고 한다. 임대료도 내야지 생계는 유지해야지 보통 일이 아닌 것이다.

얼마 전 임대료와 장사가 되지 않아 슬픈 일들이 뉴스에 보도되었다. 안타까운 일이다. 주위 사람들에게 어떤 문자나 소식을 알려줬다면 구할 수 있지 않았을까. 그런 일이 있으면 도움을 요청해서 귀중한 생명을 어떻게 해서든 구해야 하지 않겠는가. 그들도 우리의 이웃이요 형제인 것이다. 24시간 연중무휴로 움직이는 곳이 생각보다 많다. 군인도 그렇고 소방관도 그렇다. 경찰관들도 병원들도 다 같이 사회를 위해 움직이는 것이다. 언제든 열려 있는 곳이지 않은가?

여성안심귀가 서비스를 알고 있는가? 다음은 '네이버 지식백과'에 나와 있는 여성안심귀가 서비스에 대한 설명이다.

"평일 심야시간 귀가하는 여성들을 위해 주거지까지 동행해주는 서비스를 말한다. 운영시간은 주말과 공휴일은 제외하고 월요일 오후 10~12시, 화~금요일은 오후 10시부터, 다음 날 오전 1시까지이며, 스카우트는 관할 권역을 중심으로 외진 골목길이 많은 주택가 밀집지역에서 주로 활동한다. 평일 밤늦게 귀가해야 할 경우 지하철역 또는 버스정류장 도착 30분 전에 신청하면 2인 1조의 스카우트가 집 앞까지 안전하게 동행해주는 서비스로, '여성 안심귀가 스카우트제도'라고도 한다. 무료로 운영된다. 귀가가 늦어질 경우 120 다산 콜센터로 전화해 신청하면 거주 자치구 구청 상황실로 바로 연결돼 신청자와 만날 2인 1조 스카우트 이름 정보를 확인하게 된다. 이후 약속된 장소에서 만나 스카우트의 신분증을 확인한 뒤 집까지 귀가하게 된다. 2인 1조로 구성되는 스카우트 대원들은 여성을 주거지까지 바래다주는 것은 물론 범죄 우발지역을 순찰하면서 도움이 필요한 여성이나 청소년을 지원하는 역할을 맡는다. 한편, 여성안심귀가 서비스를 시행해온 경기 수원시와 광명시는 각각 투입 예산 대비 실적 저조, 사업 효과성 부족을 이유로 2019년부터 해당 서비스를 중단했다."

이처럼 심야 여성을 위해 서비스를 제공하는 자치단체들이 있다. 서비스의 명칭과 내용은 약간씩 달랐다. 전화로 인천 지역을 문의해보니 자치단체에서 운영하는 곳도 있고, 다른 곳도 있다고 했다.

국가기관을 이용할 수 있는 곳을 찾아보면 많다. 가정폭력 피해자를 보호하는 시설을 민간단체와 연계하여 시행하는 곳도 있다. 청소년쉼터, 모자의 집, 한부모가정쉼터, 성폭력 상담소, 고용노동부 상담센터의 임금체

불, 실업급여, 취업지원 및 직업훈련, 해고, 외국인 고용 기타 등 많다. 혼자 고민하지 말라. 우리의 곁에는 보이지 않는 법이 항상 있다. 보복이 무서워 고민하지 마라. 법으로 처리하는 것이 가장 빠르고 정확할 때가 있다는 것을 알아두면 좋지 않을까?

형법 제283조(협박, 존속협박)

① 사람을 협박한 자는 3년 이하의 징역, 500만 원 이하의 벌금, 구류 또는 과료에 처한다.

② 자기 또는 배우자의 직계존속에 대하여 제1항의 죄를 범한 때에는 5년 이하의 징역 또는 700만 원 이하의 벌금에 처한다.

③ 제1항 및 제2항의 죄는 피해자의 명시한 의사에 반하여 공소를 제기할 수 없다.

형법 제284조(특수협박)

단체 또는 다중의 위력을 보이거나 위험한 물건을 휴대하여 전조제1항, 제2항의 죄를 범한 때에는 7년 이하의 징역 또는 1천만 원 이하의 벌금에 처한다.

형법 제260조(폭행, 존속폭행)

① 사람의 신체에 대하여 폭행을 가한 자는 2년 이하의 징역, 500만 원 이하의 벌금, 구류 또는 과료에 처한다.

② 자기 또는 배우자의 직계손속에 대하여 제1항의 죄를 범한 때에는 5년 이하의 지역 또는 700만 원 이하의 벌금에 처한다.

③ 제1항 및 제2항의 죄는 피해자의 명시한 의사에 반하여 공소를 제기할 수 없다.

에필로그

언제나 사전예방이 가장 현명한 일이다

이 책은 28년 동안 최일선 현장에서 겪은 일들과 사람들이 살아가는 사회생활 속에서 일어나는 일들을 엮어서 만들었다. 나의 경험담도 있고 사례도 있다. 많은 사람들이 이 책을 읽고 사고가 난 후 일을 처리하는 것보다 사전에 예방하는 것이 현명할 것이라고 생각하고 이 책을 썼다. 이야기처럼 술술 읽히도록 했다.

많은 사람들이 이른 새벽부터 분주히 움직인다. 왜 일찍부터 일어나야 될까? 돈 문제와 관련되어 있기 때문이다. 너무 직설적인가? 돈이 사람을 움직이고 돈 때문에 많은 일이 일어난다. 고용도, 퇴출도, 아르바이트도, 폭행도 일어난다. 사람들의 직업이 다양하다. 다양한 사람이 살다 보니 각양각색 일이 벌어진다. 돈 때문에 형제, 친척, 친구, 지인, 동료 간에 싸운다. 인간의 욕심은 한도 끝도 없다. 욕심 때문에 싸우고 서로 헐뜯는다.

모든 사건이 수학 공식 같지 않다. 같은 사건은 하나도 없다. 무엇이라도 약간씩 다르다. 지하철에서 모기가 내 앞 사람 다리 근처에 있다. 평소 집에서처럼 무의식적으로 상대방 다리에 붙어 있는 모기를 잡았다. 상대방이 이해할까? 내 생각과 상대방 생각은 다르다. 수학 공식처럼 맞는 것이 아니다. 상대방이 폭행이나 성추행으로 당신을 신고할 수 있다. 세상의 일어나는 일들을 부모나 사회가 일일이 알려주지 않는다. 스스로 습득하고 알아야 한다. 가정, 학교, 직장 등에서 알려주는 것을 꼼꼼히 알아야 한다. 법은 모른다고 해서 관용을 베풀지 않는다.

사람의 기억은 한계가 있다. 기억하는 것이 있고 잊어버리는 것이 있다. 순간의 판단으로 남 인생을 망치고 자신의 인생도 망친다. 홧김에 고소하기도 한다. 남들이 인터넷 댓글로 욕설을 하니까 나도 하게 된다. 자동차 사고가 나지 않으면 보험료가 아깝다고 생각할 수 있다. 술을 먹을 때는 술값이 아깝지 않다고 생각한다. 택시를 타면 생각이 달라진다. 택시가 빙 돌아왔다, 내가 가라는 방향으로 가지 않았다며 실랑이한다. 그 시간이 아깝지 않은가? 성추행은 장소를 가리지 않고 일어날 수 있다. 사고의 대부분은 술과 관련이 있다고 생각할 수 있다.

자동차 명장이 있듯 사건 사고에도 전문가의 영역이 있다. 혼자 일을 해결하려 하면 시간과 노력이 많이 든다. 친구, 지인, 친척, 동료와 금전 거래를 할 때 최악의 상황도 대비해야 한다. 꼼꼼히 일처리 하고, 증거나 증인, 사고에 미리 대비해야 하지 않을까? 일상생활에서 일어나는 일들을 유심히 봐라. 법에도 유효기간이 있다. 누구나 피해자가 될 수 있다. 남녀노소를 불문하고 여러분을 노리는 사기꾼들이 의외로 많다. 반려동물을 키우면 알아두어야 할 것이 있다. 호기심 때문에 인생을 망친 사람들이 있다. 우리 주변에 있는 관공서도 알아두자. 경찰서, 소방서, 구청, 시청, 고용노동부 등 알아두면 유익하다. 우리 주변에 있는 것들을 적극적으로 활용해야 한다.

법은 우리 생활에서 공기와 같이 숨 쉬듯 밀접한 관련이 있다. 모든 일들을 이 책에 다 담지는 못했다. 앞으로도 경험한 내용을 바탕으로 우리 사회에서 꼭 알아야 할 법 지식에 대해 계속해서 책을 쓸 예정이다. 이 책 속 사례와 비슷한 일이 생기면 이 책을 유용하게 활용하기 바란다.